独検

3級レベル

重要単語**1000**

学習院大学非常勤講師
石﨑朝子 著

語研

■音声の無料ダウンロードについて■

本書の音声が無料でダウンロードできます。

下記の URL にアクセスして，ダウンロードしてご利用ください。
https://www.goken-net.co.jp/catalog/card.html?isbn=978-4-87615-359-6
または，右記の QR コードからもアクセス可能です。

○本書では音声収録箇所を🎧マークとトラック番号で表示しています。
○収録時間は約170分です。

音声は見出し語のドイツ語と見出し語の意味，例文のドイツ語が１回，自然な速さで収録されています。

■注意事項■

☆ダウンロードできるファイルは ZIP 形式で圧縮されたファイルです。ダウンロード後に解凍してご利用ください。iOS13 以上は端末上で解凍できます。

☆音声ファイルは MP3 形式です。iTunes や Windows Media Player などの再生ソフトを利用して再生してください。

☆インターネット環境によってダウンロードできない場合や，ご使用の機器によって再生できない場合があります。

☆本書の音声ファイルは一般家庭での私的利用に限って領布するものです。著作権者に無断で本音声ファイルを複製・改変・放送・配信・転売することは法律で禁じられています。

■ナレーション■

Jan Hillesheim
Nadine Kaczmarek
水月優希

はじめに

本書はドイツ語技能検定試験3級合格を目指す方々のための単語集です。

本書の特長

◇ 過去の出題傾向をもとに，3級向け1041語を収録してあります。3級は接続法を含むほぼすべての文法事項が出題範囲となります。それに合わせて語彙の難易度も上がります。さまざまな話題の長文問題に対応できるよう語彙を身につけることは重要です。どのようなテーマの文章が出題されても基礎単語は理解できる**ように各ジャンルの単語をバランスよく**収録してあります。

◇ **熟語表現も一覧できるように**まとめてあります。この一覧表を活用し，動詞や形容詞などとセットで使われる前置詞をおぼえることで**文法問題の得点アップ**が期待できます。

◇ **見出し語にはすべて例文**をつけました。名詞の見出し語にも例文がついていますので，**言葉のニュアンスもつかみやすく**，また実際よく使われる単語の組み合わせも自然に身につきます。

◇ 見出し語は可能な限り**分野別・場面別**にまとめましたので，分野や場面と関連づけながら効率よく覚えられます。

◇ **3級レベル向けの文法事項**についてもまとめました。このほか**動詞の三基本形**，**不規則動詞の現在人称変化**，**形容詞の変化表**も掲載していますので，この一冊で各種変化や語順の確認もできます。

◇ **音声を活用した学習**が可能です。発音記号とカタカナを併記しているところもありますが，発音問題および聞き取り試験に備えて，ぜひネイティブの発音を耳にしながら学習してください。

◇ 使用頻度の高い単語を収録していますので，独検合格を目標とされていない方にも**重要な基礎単語集として**お使いいただけます（初級～中級レベル）。

◇ 既刊の『**独検5級・4級レベル重要単語1100**』の続編ですので，当該冊子に収録されている語は，本書には収録されていません（用法や意味が異なる場合をのぞく）。2冊あわせての利用をお勧めしますが，例文中に5，4級レベルの単語も使われていますので，本書例文を通して5，4級レベルの単語を復習することも可能です。

本書がドイツ語を学習されている方々，またはこれから学習される方々のお役に立つことを願っております。

2020年7月1日

石﨑　朝子

目　次

4

【校閲】
Daniel Kern

【装丁】
高嶋　良枝

【イラスト】
オギリマ　サホ

◎ 見出し語の一部をイラストで覚えることができます。

本書では視覚的にも覚えられるように，必要に応じてイラストが添えられています。
5級・4級レベルの見出し語も厳選してレベルの区別なく描かれているため，復習にも最適です。
イラスト化されている主なジャンルは以下のとおりです。

赤シートで隠すと，見出し語の復習になります。

本書の紙面構成と凡例

見出し語

現在形の活用に注意！

意味

不規則動詞の過去基本形・過去分詞

定冠詞
名詞の前には定冠詞を配しています。9頁参照。

複数形
複数形がほとんど使われないものや、種類としての複数形は記載していません。

sich⁴は sich と記載し sich³ のみ格を数字で示しています。

品詞・略号
9頁参照。

発音カナ

分類
分類については目次参照。

音声トラックナンバー

見出し語のドイツ語、日本語の意味、例文のドイツ語の音声が収録されています。

アクセント
アクセントが置かれる文字を色で示しています。
一息に発音する二重母音（ei, au など）は、一組の母音としてまとめて色文字にしています。

発音記号
補助記号は煩雑さを避けるため、最低限に省略しています。主な表記記号は、
：長くのばす音
ˊ 2音節以上の語のアクセントの位置　など。

完了助動詞が sein の場合は (s)
sein または haben の場合は (s, h) とそれぞれ略記されています。記載がない場合、完了助動詞は haben です。

erfahren*
[ɛɐ̯fáːrən]
エアファーレン
動（〜⁴ を聞いて）知る
〔erfuhr - erfahren〕
a → ä

der **Eindruck**
[áindrʊk]
アインドルック
男 印象
pl. die Eindrücke

die **Erinnerung**
[ɛɐ̯ínərʊŋ]
エアイネルング
女 思い出
pl. die Erinnerungen

das **Gedächtnis**
[ɡədɛ́çtnɪs]
ゲデヒトニス
中 記憶(力)、思い出

sich³ **merken**
[zɪç　mérkən]
ズィヒ　メルケン
動（〜⁴ を）覚えておく

empfinden
[ɛmpfíndən]
エムプフィンデン
動（〜⁴ を）感じる、知覚する
〔empfand - empfunden〕

spüren
[ʃpýːrən]
シュピューレン
動（〜⁴ を）感じる、知覚する

riechen
[ríːçən]
リーヒェン
動（〜の）においがする
〔roch - gerochen〕

🎧 010 ―一日の生活―

auf|wachen
[áufvaxən]
アオフヴァッヘン
動 目が覚める
(s)

ein|schlafen*
[áinʃlaːfən]
アインシュラーフェン
動 眠り込む
du schläfst...ein
er schläft...ein
(s) 〔schlief...ein - eingeschlafen〕

rasieren
[razíːrən]
ラズィーレン
動（〜⁴ の）ひげをそる

8

Das habe ich erst gestern erfahren.	そのことを私はようやく昨日知りました。	◆ 認識・感覚 ― 一日の生活
Er hat auf mich einen guten Eindruck gemacht.	彼は私に良い印象を与えました。	
Das ist eine der schönsten Erinnerungen meines Lebens.	これは私の人生で最もすばらしい思い出のひとつです。	
Sie hat ein gutes Gedächtnis.	彼女は記憶力がいいです。	
Ich kann mir seinen Geburtstag immer noch nicht merken.	私は彼の誕生日をいまだに覚えられません。	
Da hat sie Freude empfunden.	その時彼女は喜びを感じました。	
Ich spüre, dass es bald Frühling wird.	私はもうすぐ春になるのを感じます。	
Es riecht gut!	いいにおいがします！	

非人称の es が主語として用いられることもある。

Ich bin heute sehr früh aufgewacht.	私は今日とても早く目が覚めました。
Erst um drei Uhr nachts bin ich eingeschlafen.	夜の3時にようやく私は寝入りました。
Jeden Morgen rasiere ich mich.	毎朝私はひげをそります。

🍎 **定冠詞**

der	男性名詞
die	女性名詞
das	中性名詞
die	主に複数形で使われる名詞

🍎🍎 **品詞・略号**

男	男性名詞	動	動詞	接	接続詞
女	女性名詞	形	形容詞	代	代名詞
中	中性名詞	副	副詞	数	数詞
複	主に複数形で使われる名詞	前	前置詞	⇔	対義語

9

001 der/die **Cousin/Cousine**
[kuzɛ́ː] [kuzíːnə]
クゼーン クズィーネ

男 女 いとこ
pl. die Cousins/Cousinen

der **Neffe**
[néfə]
ネッフェ

男 おい
pl. die Neffen

die **Nichte**
[níçtə]
ニヒテ

女 めい
pl. die Nichten

der/die **Enkel/-in**
[éŋkəl]
エンケル

男 女 孫
pl. die Enkel/-innen

002 die **Staatsangehörigkeit**
[ʃtáːtsǀaŋəhøːrɪçkait]
シュターツアンゲヘーリヒカイト

女 国籍
pl. die Staatsangehörigkeiten

das **Alter**
[áltɐ]
アルター

中 年齢
pl. die Alter

die **Postleitzahl**
[pɔ́stlaittsaːl]
ポストライトツァール

女 郵便番号
pl. die Postleitzahlen

das **Dokument**
[dokumént]
ドクメント

中 (公的な)文書
pl. die Dokumente

stammen
[ʃtámən]
シュタメン

動 (aus ～³ の)出身である

nennen
[nénən]
ネネン

動 (～⁴ を～と)名づける，呼ぶ

[nannte - genannt]

003 der/die **Jugendliche**
[júːgəntlɪçə]
ユーゲントリヘ

男 女 青少年
pl. die Jugendlichen

形容詞の語尾変化と同じ
ein Jugendlicher
eine Jugendliche

12

Meine Cousine hat drei Kinder.

私のいとこ（女）には子どもが3人います。

Mein Neffe ist Musiker.

私のおいは音楽家です。

Meine Nichte ist Klavierlehrerin.

私のめいはピアノの先生です。

Meine zwei Enkel gehen in den Kindergarten.

私の2人の孫は幼稚園に通っています。

Schreiben Sie hier Ihre Staatsangehörigkeit, bitte.

ここにあなたの国籍を書いてください。

Mozart starb im Alter von 35 Jahren.

> starb:「死ぬ」の過去形
> (s) sterben - starb - gestorben

モーツァルトは35歳で亡くなりました。

Meine Postleitzahl ist 57072.

私の郵便番号は57072です。

Kann ich bitte Ihre Dokumente sehen?

あなたの（身分）証明書を見せてもらえますか。

Der Künstler stammt aus München.

その芸術家はミュンヘン出身です。

Das Ehepaar hat sein Kind Maria genannt.

その夫婦は子どもをマリアと名づけました。

Wie finden Sie die Jugendlichen von heute?

今日の若者についてどう思いますか。

13

ledig [léːdɪç] レーディヒ	形 独身の
sich verloben [zɪç　fɛɐ̆lóːbən] ズィヒ　フェアローベン	動 (mit 〜³ と)婚約する
die **Braut** [braut] ブラオト	女 花嫁 *pl.* die Bräute
die **Ehe** [éːə] エーエ	女 結婚，結婚生活 *pl.* die Ehen
das **Ehepaar** [éːəpaːr] エーエパール	中 夫婦 *pl.* die Ehepaare
das **Paar** [paːr] パール	中 ペア，カップル *pl.* die Paare
die **Witwe** [vítvə] ヴィトヴェ	女 未亡人 *pl.* die Witwen
die **Generation** [genəratsĭóːn] ゲネラツィオーン	女 世代 *pl.* die Generationen
das **Schicksal** [ʃíkzaːl] シックザール	中 運命 *pl.* die Schicksale
das **Wunder** [vóndɐ] ヴンダー	中 奇跡 *pl.* die Wunder
die **Ehre** [éːrə] エーレ	女 名誉 *pl.* die Ehren

Er ist ledig.	彼は独身です。
Julia hat sich mit Leon verlobt.	ユーリアはレオンと婚約しました。
Die Braut trägt ein wunderschönes Kleid.	その花嫁はとてもすてきなドレスを着ています。
Meine Eltern führen eine glückliche Ehe.	私の両親は幸せな結婚生活を送っています。
Dieses Ehepaar wohnt in meiner Nähe.	この夫婦は私の近所に住んでいます。
Ein Paar sitzt auf der Bank.	ひと組のカップルがベンチに座っています。
Meine Tante ist Witwe geworden.	私のおばは未亡人になりました。
Auch die jüngere Generation interessiert sich für Politik.	若い世代も政治に興味があります。
Das ist Schicksal.	これは（受け入れなければいけない）運命です。
Es ist kein Wunder, dass du die Prüfung bestanden hast. Du hast doch fleißig gelernt!	君が試験に合格したのも当然だ。君は熱心に勉強したんだから。

kein Wunder sein：不思議なことではない，当然だ

Es ist mir eine Ehre, diesen Preis zu bekommen.	この賞をもらうのは私にとって名誉なことです。

der **Charakter** [karáktɐ] カラクター	男 性格
die **Erfahrung** [ɛɐ̯fáːrʊŋ] エアファールング	女 経験 *pl.* die Erfahrungen
das **Erlebnis** [ɛɐ̯léːpnɪs] エアレープニス	中 体験，経験 *pl.* die Erlebnisse

🎧 **職業・肩書**

004

der/die **Anwalt/Anwältin** [ánvalt]　[ánvɛltɪn] アンヴァルト　アンヴェルティン	男 女 弁護士 *pl.* die Anwälte/Anwältinnen
der/die **Richter/-in** [ríçtɐ] リヒター	男 女 裁判官 *pl.* die Richter/-innen
der/die **Journalist/-in** [ʒʊrnalíst] ジョルナリスト	男 女 ジャーナリスト *pl.* die Journalisten/Journalistinnen
der/die **Forscher/-in** [fɔrʃɐ] フォルシャー	男 女 研究者 *pl.* die Forscher/-innen
der/die **Philosoph/-in** [filozóːf] フィロゾーフ	男 女 哲学者 *pl.* die Philosophen/Philosophinnen
der/die **Komponist/-in** [kɔmponíst] コンポニスト	男 女 作曲家 *pl.* die Komponisten/Komponistinnen
der/die **Künstler/-in** [kýnstlɐ] キュンストラー	男 女 芸術家 *pl.* die Künstler/-innen
der/die **Mechaniker/-in** [meçáːnikɐ] メヒャーニカー	男 女 機械工 *pl.* die Mechaniker/-innen

Ich glaube, er hat einen guten Charakter.	私は彼は性格がいいと思います。
Das weiß ich aus eigener Erfahrung.	そのことを私は自分の経験から知っています。
In Afrika habe ich ein schönes Erlebnis gehabt.	アフリカで私はすばらしい体験をしました。
Mein Cousin ist Anwalt geworden.	私のいとこ（男）は弁護士になりました。
Mein Traumberuf ist Richter.	私の憧れの職業は裁判官です。
Ein Journalist aus Japan hat den Artikel geschrieben.	日本出身のジャーナリストがその記事を書きました。
Mein Vater ist Forscher.	私の父は研究者です。
Kant war ein deutscher Philosoph.	カントはドイツの哲学者でした。
Der Komponist ist berühmt.	その作曲家は有名です。
Er ist ein bekannter Künstler.	彼は有名な芸術家です。
Mein Bruder ist Automechaniker.	私の兄は自動車機械工です。

der/die **Soldat/-in**
[zɔldáːt]
ゾルダート

男 女 兵士
pl. die Soldaten/Soldatinnen

---

der/die **Doktor/Doktorin**
[dɔ́ktoːɐ̯]　[dɔktóːrɪn]
ドクトーア　　ドクトーリン

男 女 博士（号の持ち主）
pl. die Doktoren/Doktorinnen

der **Austausch**
[áustauʃ]
アオスタオシュ

男 交換

---

die **Feier**
[fáiɐ]
ファイアー

女 祝典，パーティー
pl. die Feiern

> Geburtstagsfeier:
> 誕生日パーティー

---

der **Termin**
[tɛrmíːn]
テルミーン

男 期日，（日時が決められた）約束
pl. die Termine

---

die **Verabredung**
[fɛɐ̯|ápreːdʊŋ]
フェアアップレードゥング

女 （人と会う）約束
pl. die Verabredungen

---

begegnen
[bəgéːgnən]
ベゲーグネン

動 （～³ に偶然）出会う

(s)

---

die **Freundschaft**
[frɔ́yntʃaft]
フロイントシャフト

女 友情
pl. die Freundschaften

---

das **Verhältnis**
[fɛɐ̯héltnɪs]
フェアヘルトニス

中 （人と人との）関係，【複数で】状況
pl. die Verhältnisse

---

die **Beziehung**
[bətsíːʊŋ]
ベツィーウング

女 関係，関連
pl. die Beziehungen

---

der **Bund**
[bʊnt]
ブント

男 同盟，結束
pl. die Bünde

Viele Soldaten sind im Krieg gefallen. 　多くの兵士たちが戦争で亡くなりました。

Er ist Doktor der Medizin. 　彼は医学博士です。

Julia studiert als Austauschstudentin in Tokyo. 　ユーリアは交換留学生として東京の大学で学んでいます。

Wir haben gestern an einer Feier teilgenommen. 　私たちは昨日パーティーに参加しました。

Beinahe hätte ich den Termin vergessen. 　危うく私は約束を忘れるところでした。

Heute Abend habe ich eine Verabredung. 　今晩私は人と会う約束があります。

Im Kino bin ich einem Bekannten begegnet. 　映画館で私は知人と偶然出会いました。

Was ist für dich wichtiger? Freundschaft oder Liebe? 　君にとってどっちが大事？ 友情？　愛情？

Das Verhältnis zwischen den beiden Personen ist sehr gut. 　両者の関係はとても良好です。

Die Beziehung zwischen den beiden Ländern ist zur Zeit nicht so schlecht. 　両国の関係は目下のところそう悪くありません。

Der Bund zwischen den drei Staaten war fest. 　3国間の同盟は強固でした。

| der **Einfluss** [áinflʊs] アインフルス | 男 影響 |
| | *pl.* die Einflüsse |

| die **Rolle** [rólə] ロレ | 女 役割 |
| | *pl.* die Rollen |

| **duzen** [dúːtsən] ドゥーツェン | 動 (～⁴ に) du を使って話しかける |
| | ⇔ siezen |

| **empfangen**★ [ɛmpfáŋən] エムプファンゲン | 動 (～⁴ を) 受け取る, (客⁴ を) 迎える a → ä |
| | [empfing ‐ empfangen] |

| der **Abschied** [ápʃiːt] アップシート | 男 別れ |
| | *pl.* die Abschiede |

| **sich verabschieden** [zɪç fɛɐ̯ápʃiːdən] ズィヒ フェアアップシーデン | 動 (von ～³ に) 別れを告げる |

🎧 **ことばと表現**
006

| der **Buchstabe** [búːxʃtaːbə] ブーフシュターベ | 男 文字 |
| | *pl.* die Buchstaben |

| **buchstabieren** [buːxʃtabíːrən] ブーフシュタビーレン | 動 (単語のつづり⁴ を) 1 字ずつ区切って読む |

| die **Schrift** [ʃrɪft] シュリフト | 女 文字, 手書きの字 |
| | *pl.* die Schriften |

| das **Zeichen** [tsáiçən] ツァイヒェン | 中 記号, 合図 |
| | *pl.* die Zeichen |

Damals stand Japan unter dem Einfluss von China.

当時日本は中国の影響を受けていました。

Er spielt als Abteilungsleiter eine wichtige Rolle in dieser Firma.

彼は部長としてこの会社で重要な役割を果たしています。

Abteilungsleiter (Abteilung + Leiter)：部局の長
eine wichtige Rolle spielen：重要な役割を果たしている

Paul und Thomas duzen sich.

パオルとトーマスはお互い du を使って話します。

Er hat mich warm empfangen.

彼は私を温かく迎えてくれました。

Er hat von seinen Freunden Abschied genommen.

彼は友人たちに別れを告げました。

von ~³ Abschied nehmen：～に別れを告げる

Ich muss mich leider verabschieden.

私は残念ながらおいとましなければなりません。

Der Lehrer schreibt Buchstaben an die Tafel.

先生は黒板に文字を書きます。

Können Sie bitte Ihren Namen buchstabieren?

あなたの名前を一字ずつ区切って読んでいただけますか。

Sie hat eine schöne Schrift.

彼女は字が上手です。

Was bedeutet dieses Zeichen?

この記号はどんな意味ですか。

der **Begriff** [bəgríf] ベグリフ	男 概念 *pl.* die Begriffe
der **Inhalt** [ínhalt] インハルト	男 内容，中身 *pl.* die Inhalte
der **Sinn** [zɪn] ズィン	男 意味，感覚 *pl.* die Sinne
der **Unsinn** [únzɪn] ウンズィン	男 無意味なこと，ばかげたこと
der **Quatsch** [kvatʃ] クヴァッチュ	男 ばかけたこと
der **Ausdruck** [áusdrʊk] アオスドルック	男 表現 *pl.* die Ausdrücke
beschreiben [bəʃráibən] ベシュライベン	動 (～⁴ を言葉で)描写する，説明する 〔beschrieb - beschrieben〕
die **Unterhaltung** [ʊntɐháltʊŋ] ウンターハルトゥング	女 (楽しい)会話 *pl.* die Unterhaltungen
sich unterhalten* [zɪç ʊntɐháltən] ズィヒ ウンターハルテン	動 (über ～⁴ について楽しく)語り合う du unterhältst er unterhält 〔unterhielt - unterhalten〕
das **Gespräch** [gəʃprέːç] ゲシュプレーヒ	中 会話，会談 *pl.* die Gespräche

Der Professor erklärt den Begriff der „Nation".	その教授は「国民」の概念を説明します。
Erzähl mir bitte den Inhalt des Buches.	その本の内容を教えて。
Es hat keinen Sinn, mit ihm zu reden. Er bleibt immer stumm.	彼と話しても無意味です。彼はいつも黙ったままです。
Er redet nur Unsinn.	彼はくだらないことばかりしゃべります。
Ach Quatsch!	ああばからしい！
Es gibt keine passenden Ausdrücke dafür.	それに対するふさわしい表現がありません。
Beschreiben Sie bitte das Bild.	その絵を言葉で説明してください。
Ich hatte mit meinen alten Freunden eine lange Unterhaltung.	私は旧友たちと長い間おしゃべりしました。
Gestern Abend haben wir uns lange unterhalten.	昨晩私たちは長い間語り合いました。
Das Gespräch über das Problem hat lange gedauert.	その問題についての話し合いは長い間続きました。

| die **Rede** | **女** 演説 |
| [réːdə] レーデ | **pl.** die Reden |

| der **Vortrag** | **男** 講演 |
| [fóːĕtraːk] フォーアトラーク | **pl.** die Vorträge |

| der **Rat** | **男** 助言, アドバイス |
| [raːt] ラート | **pl.** die Ratschläge |

助言の意味の複数形には Ratschläge を用いる。

| **raten*** | **動** (～³ に～⁴ を) 助言する, (～⁴ を) 言い当てる |
| [ráːtən] ラーテン | |

du rätst
er rät

〔riet － geraten〕

| der **Vorschlag** | **男** 提案 |
| [fóːĕʃlaːk] フォーアシュラーク | **pl.** die Vorschläge |

| **vor\|schlagen*** | **動** (～³ に～⁴ を) 提案する |
| [fóːĕʃlaːgən] フォーアシュラーゲン | |

du schlägst...vor
er schlägt...vor

〔schlug...vor － vorgeschlagen〕

| der **Hinweis** | **男** 指示, ヒント |
| [hínvais] ヒンヴァイス | **pl.** die Hinweise |

| die **Diskussion** | **女** 討論, 議論 |
| [dɪskʊsĭóːn] ディスクスィオーン | **pl.** die Diskussionen |

| **diskutieren** | **動** (über ～⁴ について) 討論する, 議論する |
| [dɪskutíːrən] ディスクティーレン | |

| **behaupten** | **動** (～⁴ を) 主張する |
| [bəháuptən] ベハオプテン | |

Der Politiker hält morgen auf diesem Marktplatz eine Rede.	その政治家は明日この広場で演説します。 eine Rede halten：演説する
Der Professor hält einen Vortrag über die moderne Kunst.	その教授は現代美術について講演します。 einen Vortrag halten：講演する
Er hat mir einen guten Rat gegeben.	彼は私に適切な助言をしてくれました。
Ich rate dir, mehr Gemüse zu essen.	もっと野菜を食べることを勧めるよ。
Rate mal, was ich in der Hand habe!	私が手に持っているものを当ててみて！
Er hat mir einen Vorschlag gemacht.	彼は私に一つの提案をしました。
Der Arzt hat mir vorgeschlagen, mich mehr zu bewegen.	医者は私にもっと運動するようにと提案しました。
Die Schüler sind dem Hinweis des Lehrers gefolgt.	生徒たちは先生の指示に従いました。
Das Thema der Diskussion ist der Umweltschutz.	討論のテーマは環境保護です。
Worüber diskutieren Sie?	何について議論しているのですか。
Er behauptet, dass ich einen Fehler gemacht habe.	彼は私が間違いを犯したと主張しています。

begründen [bəgrýndən] ベグリュンデン	動 (〜⁴ を) 理由づける
widersprechen* [víːdɐʃprɛ́çən] ヴィーダーシュプレッヒェン	動 (〜³ に対して) 反論する, (〜³ と) 矛盾する　　　 e→i 〔widersprach - widersprochen〕
überzeugen [yːbɐtsɔ́yɡən] ユーバーツォイゲン	動 (〜⁴ を von 〜³ について) 納得させる
beantworten [bə|ántvɔrtən] ベアントヴォルテン	動 (〜⁴ に) 答える
fordern [fɔ́rdɐn] フォルダーン	動 (〜⁴ を) 要求する
verlangen [fɛɐ̯láŋən] フェアランゲン	動 (〜⁴ を) 求める, (〜⁴ を) 必要とする
versprechen* [fɛɐ̯ʃprɛ́çən] フェアシュプレッヒェン	動 (〜³ に〜⁴ を) 約束する　　 e→i 〔versprach - versprochen〕
verbieten [fɛɐ̯bíːtən] フェアビーテン	動 (〜³ に〜⁴ を) 禁止する 〔verbot - verboten〕
die **Erlaubnis** [ɛɐ̯láupnɪs] エアラオプニス	女 許可

Können Sie Ihre Wahl begründen?

あなたは自分の選択の理由を説明できますか。

Immer widerspricht er mir.

いつも彼は私に反論します。

Wir konnten ihn endlich überzeugen.

私たちはようやく彼を納得させることができました。

Er hat meine Frage höflich beantwortet.

彼は私の質問に丁寧に答えました。

Die Arbeiter haben von der Firma eine Menge Geld gefordert.

労働者たちは会社に大金を要求しました。

eine Menge Geld：大金

Der Kranke verlangt vom Arzt eine ausführliche Erklärung.

その患者は医者にくわしい説明を求めます。

Diese Arbeit verlangt viele Kenntnisse.

この仕事は多くの知識を必要とします。

Ich verspreche es dir.

私はそれを君に約束するよ。

動詞の目的語の3，4格がどちらも人称代名詞の場合，4格，3格の順になります。

Rauchen ist hier verboten.

喫煙はここでは禁止されています。

Ich habe endlich die Erlaubnis bekommen.

私はようやく許可をもらいました。

erlauben
[ɛɐ̯láubən]
エアラオベン

動 (~³ に~⁴ を)許可する

verzeihen
[fɛɐ̯tsáiən]
フェアツァイエン

動 (~⁴ を)許す

〔verzieh - verziehen〕

lügen
[lýːgən]
リューゲン

動 うそをつく

〔log - gelogen〕

sich beschweren
[zɪç bəʃvéːrən]
ズィヒ　ベシュヴェーレン

動 (bei ~³ に über ~⁴ のことで)苦情を言う

klagen
[kláːgən]
クラーゲン

動 (über ~⁴ について)苦痛を訴える, 苦情を言う

schreien
[ʃráiən]
シュライエン

動 叫ぶ

〔schrie - geschrien〕

gratulieren
[gratulíːrən]
グラトゥリーレン

動 (~³ に zu ~³ のことで)お祝いを言う

sich bedanken
[zɪç bədáŋkən]
ズィヒ　ベダンケン

動 (bei ~³ に für ~⁴ の)礼を言う

begrüßen
[bəgrýːsən]
ベグリューセン

動 (~⁴ に歓迎の)挨拶をする, (~⁴ を)歓迎する

🎧 **心 (情)**
007

die **Seele**
[zéːlə]
ゼーレ

女 心, 魂
pl. die Seelen

der **Geist**
[gaist]
ガイスト

男 精神
pl. die Geister ⟺ Körper

28

Es ist nicht erlaubt, hier ein Handy zu benutzen.	ここで携帯電話を使用することは許可されていません。
Verzeihen Sie, können Sie mir bitte sagen, wie weit es noch bis zum Bahnhof ist?	すみません。駅までまだどのくらいあるか教えてくださいませんか。
Ich lüge nie.	私は決してうそをつきません。
Er beschwert sich beim Nachbarn über den Lärm.	彼は隣人に騒音のことで苦情を言います。

Nachbar は男性弱変化名詞で単数１格以外は -n。

Das Kind klagt über Zahnschmerzen.	その子どもは歯が痛いと訴えます。
Jemand schreit draußen.	誰かが外で叫んでいます。
Ich gratuliere dir zum Geburtstag!	誕生日おめでとう！
Ich bedanke mich bei Ihnen für Ihre Hilfe.	私はあなたの援助に感謝いたします。
Ich begrüße Sie herzlich.	皆様に心よりご挨拶申し上げます。
Sie sind ein Herz und eine Seele.	彼らは一心同体です。

ein Herz und eine Seele sein：一心同体である

Mein Körper ist gesund und mein Geist ebenfalls.	私の体は健康です。私の精神も同様です。

das **Wohl** [voːl] ヴォール	中 幸せ，健康
die **Freude** [frɔ́ʏdə] フロイデ	女 喜び *pl.* die Freuden
das **Vergnügen** [fɛɐ̆gnýːgən] フェアグニューゲン	中 楽しみ
genießen [gəníːsən] ゲニーセン	動 (〜⁴ を)楽しむ 〔genoss - genossen〕
das **Mitleid** [mítlait] ミットライト	中 同情
die **Träne** [tréːnə] トレーネ	女 涙 *pl.* die Tränen
die **Trauer** [tráuɐ] トラオアー	女 悲しみ
der **Trost** [troːst] トロースト	男 慰め
die **Furcht** [fʊrçt] フルヒト	女 恐れ
fürchten [fýrçtən] フュルヒテン	動 (〜⁴ ではないかと)心配する， sich 恐れる

Zum Wohl!	乾杯！（健康を祈って）
Er weint vor Freude.	彼は喜びのあまり泣いています。
Ich wünsche dir viel Vergnügen!	大いに楽しんできてね。
Genießen Sie die Natur!	自然を満喫してください！
Sie hat Mitleid mit ihm.	彼女は彼に同情しています。
Sie hat Tränen in den Augen.	彼女は目に涙を浮かべています。
Wir empfinden tiefe Trauer.	私たちは深い悲しみをおぼえています。
Die Katze ist mein einziger Trost.	その猫は私の唯一の慰めです。
Er zittert vor Furcht.	彼は恐怖のあまり震えています。
Ich fürchte, den Zug zu verpassen.	私は電車に乗り遅れないか心配です。
Das Kind fürchtet sich vor dem großen Hund.	その子どもはその大きな犬を怖がっています。

31

furchtbar [fórçtbaːr] フルヒトバール	形 恐ろしい，（程度が）ひどい
vermissen [feɐ̆mísən] フェアミッセン	動 （〜⁴が）いなくてさみしく思う
leiden [láidən] ライデン	動 （an 病気³に）かかっている， （unter 〜³に）苦しむ 〔litt - gelitten〕
bedauern [bədáuɐn] ベダオアーン	動 （〜⁴を）残念に思う，気の毒に 思う
erwarten [ɛɐ̆vártən] エアヴァルテン	動 （〜⁴を）待ち受ける，予期する
enttäuschen [ɛnttɔ́yʃən] エントトイシェン	動 （〜⁴を）失望させる
die **Laune** [láunə] ラオネ	女 機嫌 pl. die Launen
sich ärgern [zıç érgɐn] ズィヒ エルガーン	動 （über 〜⁴に）怒る
die **Leidenschaft** [láidənʃaft] ライデンシャフト	女 情熱
sich begeistern [zıç bəgáistɐn] ズィヒ ベガイスターン	動 感激する，（für 〜⁴に）熱中する

Das Erdbeben war furchtbar. 地震は恐ろしかったです。

Die Sommerhitze in Japan ist furchtbar! 日本の夏の暑さはひどいです！

Wir vermissen dich. 君がいなくて私たちはさみしいです。

Er leidet an Heuschnupfen. 彼は花粉症にかかっています。

der Heuschnupfen：花粉症

Sie leidet unter Heimweh. 彼女はホームシックに苦しんでいます。

Ich bedauere, dass er nicht mitkommen kann. 私は彼が一緒に来られなくて残念に思います。

Das habe ich gar nicht erwartet. それを私はまったく予期していませんでした。

Der Film hat mich enttäuscht. その映画は期待はずれでした。

Meine Frau hat gerade schlechte Laune. 私の妻は今不機嫌です。

Worüber ärgerst du dich? 何に怒っているの？

Er forscht mit Leidenschaft. 彼は情熱をもって研究しています。

Viele Leute begeistern sich für das Spiel. 多くの人々がその試合に熱中しています。

staunen [ʃtáunən] シュタオネン	**動** (über ～⁴ に)驚く，感嘆する
die **Überraschung** [yːbɐráʃʊŋ] ユーバーラッシュング	**女** 驚き，思いがけないうれしいこと **pl.** die Überraschungen
überraschen [yːbɐráʃən] ユーバーラッシェン	**動** (～⁴ を)驚かせる
überrascht [yːbɐráʃt] ユーバーラッシュト	**形** 驚いた
spannend [ʃpánənt] シュパネント	**形** はらはらさせる，わくわくさせる
beneiden [bənáidən] ベナイデン	**動** (～⁴ を)うらやむ
der **Wille** [vílə] ヴィレ	**男** 意志
die **Motivation** [motivatsǐóːn] モティヴァツィオーン	**女** 動機づけ，モティヴェーション **pl.** die Motivationen
der **Mut** [muːt] ムート	**男** 勇気
wagen [váːgən] ヴァーゲン	**動** (～⁴ を)する勇気がある
vertrauen [fɛɐtráuən] フェアトラオエン	**動** (～³／auf ～⁴ を)信頼する

| Ich staune darüber, dass du sehr gut Japanisch sprichst. | 君がとても上手に日本語を話すことに驚いているよ。 |

| Das ist aber eine Überraschung! | これはほんとうに思いがけないうれしいことです！ |

| Das Geschenk hat mich sehr überrascht. | そのプレゼントは私を大変驚かせました。 |

| Er war über die Nachricht total überrascht. | 彼はその知らせにすっかり驚いていました。 |

über ~ ⁴/von ~ ³ überrascht sein：～に驚く

| Ich empfehle dir den Roman. Der ist sehr spannend. | 君にその小説をすすめるよ。それはすごく手に汗握るよ。 |

| Ich beneide dich. | 私は君をうらやましく思う。 |

| Wo ein Wille ist, ist auch ein Weg. | 意志あるところに道は開ける（名言）。 |

| Motivation macht vieles leichter. | モティヴェーションは多くのことを容易にします。 |

| Er hat keinen Mut, ins Wasser zu springen. | 彼は水に飛び込む勇気がありません。 |

| Wer nicht wagt, der nicht gewinnt. | 虎穴に入らずんば虎児をえず（ことわざ）。 |

| Ich vertraue dir. | 私は君を信頼している。 |

trauen [tráuən] トラオエン	動 （〜³ を）信用する
der **Scherz** [ʃɛrts] シェルツ	男 冗談，ジョーク *pl.* die Scherze
der **Witz** [vɪts] ヴィッツ	男 冗談，小ばなし，ウィット *pl.* die Witze
der **Humor** [humóːɐ̯] フモーア	男 ユーモア
das **Heimweh** [háimveː] ハイムヴェー	中 ホームシック
ertragen＊ [ɛɐ̯tráːgən] エアトラーゲン	動 （〜⁴ に）耐える 〔ertrug - ertragen〕 a → ä
dankbar [dáŋkbaːr] ダンクバール	形 感謝している
stolz [ʃtɔlts] シュトルツ	形 誇りに思っている

考え・意見

der **Gedanke** [gədáŋkə] ゲダンケ	男 考え *pl.* die Gedanken
die **Absicht** [ápzɪçt] アップズィヒト	女 意図 *pl.* die Absichten

Trau mir bitte!	私を信用して！
Das ist kein Scherz!	これは冗談ではありません！
Mach keine Witze!	そんなことありえない！
Er hat überhaupt keinen Sinn für Humor.	彼にはまったくユーモアのセンスがありません。
Der ausländische Student leidet unter Heimweh.	その外国人学生はホームシックに苦しんでいます。
Ich kann den Lärm nicht mehr ertragen.	私は騒音にもう耐えられません。
Ich bin Ihnen für Ihre Hilfe dankbar.	私はあなたの援助に感謝しています。

~³ für ...⁴ dankbar sein：～に…のことで感謝している

Ich bin stolz auf meine Tochter.	私は娘を誇りに思っています。

auf ~⁴ stolz sein：～を誇りに思っている

Seine Gedanken sind sehr interessant.	彼の考えは大変興味深いです。
Mach dir darüber keine Gedanken!	そのことについて心配しなくていいよ！

sich³ Gedanken über ~⁴ machen：
～のことをくよくよ考える

Ich hatte nicht die Absicht, dich zu verletzen.	私は君を傷つけるつもりはなかった。

der **Zweck** [tsvɛk] ツヴェック	男 目的 *pl.* die Zwecke
die **Ansicht** [ánzɪçt] アンズィヒト	女 意見，（風景などの）絵・写真 *pl.* die Ansichten
die **Vorstellung** [fóːɐ̆ʃtɛlʊŋ] フォーアシュテルング	女 イメージ，紹介，面接 *pl.* die Vorstellungen
der **Vergleich** [fɐ̆ɡláiç] フェアグライヒ	男 比較 *pl.* die Vergleiche
vergleichen [fɐ̆ɡláiçən] フェアグライヒェン	動 （～⁴ を）比較する 〔verglich - verglichen〕
zögern [tsǿːɡɐn] ツェーガーン	動 ためらう
der **Zweifel** [tsváifəl] ツヴァイフェル	男 疑い *pl.* die Zweifel

ohne Zweifel :
間違いなく

| **zweifeln**
[tsváifəln]
ツヴァイフェルン | 動 （an ～³ を）疑う |
| der **Vorwurf**
[fóːɐ̆vʊrf]
フォーアヴルフ | 男 非難
pl. die Vorwürfe |

Was ist der Zweck der Übung?

その練習の目的は何ですか。

Ich bin anderer Ansicht.

私は意見が異なります。

anderer Ansicht sein：意見が異なっている
※ Ansicht は2格

Diese Ansichtskarte ist sehr schön.

この絵ハガキはとてもきれいです。

Er hat gar keine Vorstellung davon.

彼はそれについてまったく何も分かっていません。

von ~ ³ keine Vorstellung haben：
~について何も分かっていない

Morgen habe ich ein Vorstellungsgespräch.

明日私は面接があります。

Im Vergleich zu meinem Bruder ist meine Schwester neugierig.

弟に比べて妹は好奇心が強いです。

im Vergleich zu/mit ~ ³：~と比べて

Es ist beim Einkaufen wichtig, die Preise zu vergleichen.

買い物の際に値段を比べることは重要です。

Ohne zu zögern, hat er die teure Uhr gekauft.

ためらうことなく彼はその高価な時計を買いました。

Ich habe immer noch Zweifel daran.

私はいまだにそのことに疑いを持っています。

immer noch：いまだに

Er zweifelt an mir.

彼は私を疑っています。

Viele Leute machen dem Politiker Vorwürfe.

多くの人たちがその政治家を非難します。

die **Kritik** [kritíːk] クリティーク	女 批判，批評 *pl.* die Kritiken
das **Urteil** [órtail] ウルタイル	中 判断，意見，判決 *pl.* die Urteile
das **Vorurteil** [fóːɐ̯ʔʊrtail] フォーアウルタイル	中 偏見 *pl.* die Vorurteile
überlegen [yːbɐléːgən] ユーバーレーゲン	動 (〜⁴ を) じっくり考える
die **Wahl** [vaːl] ヴァール	女 選択，選挙 *pl.* die Wahlen
aus|wählen [áusvɛːlən] アオスヴェーレン	動 (〜⁴ を) 選び出す
die **Entscheidung** [ɛntʃáidʊŋ] エントシャイドゥング	女 決定 *pl.* die Entscheidungen
entscheiden [ɛntʃáidən] エントシャイデン	動 (〜⁴ を) 決める，**sich** 決める 〔entschied - entschieden〕
vor|kommen [fóːɐ̯kɔmən] フォーアコメン	動 (〜³ に〜のように) 思われる， 起こる，現れる (s) 〔kam...vor - vorgekommen〕

Ich lese eine Kritik über das Buch.	私はその本についての批評を読みます。
Ihr Urteil ist für uns wichtig.	あなたの意見は私たちにとって重要です。
Ich habe keine Vorurteile gegen Ausländer.	私は外国人に対して偏見を持っていません。
Er überlegt immer lange.	彼はいつも長い間じっくり考えます。
Ich habe keine andere Wahl.	私には他に選択の余地がありません。
Morgen sind Wahlen.	明日は選挙です。
Ich habe für meine Mutter eine schöne Tasche ausgewählt.	私は母のためにすてきなかばんを選びました。
Schließlich hat er darüber eine Entscheidung getroffen.	ついに彼はそれについて決定を下しました。

eine Entscheidung über ~⁴ treffen：～について決定を下す

Wir müssen uns langsam entscheiden.	私たちはそろそろ決めなければなりません。
Der Mann dort kommt mir irgendwie bekannt vor.	あそこの男性はなんとなく見たことがあるように思います。
Kommt so etwas oft vor?	そういうことはしばしば起きるのですか。
Im Roman kommt ein Japaner vor.	その小説には一人の日本人が登場します。

klingen
[klíŋən]
クリンゲン

🔲 鳴る，（〜のように）聞こえる

〔klang - geklungen〕

ein|fallen*
[áinfalən]
アインファレン

🔲 （〜³ の）念頭に浮かぶ

du fällst...ein
er fällt...ein

(s)〔fiel...ein - eingefallen〕

schätzen
[ʃétsən]
シェッツェン

🔲 （〜⁴ を）高く評価する，（〜と）
思う

vermuten
[fɛ̆mú:tən]
フェアムーテン

🔲 （〜と）思う，推測する

🎧 009 **認識・感覚**

erkennen
[ɛ̆kénən]
エアケネン

🔲 （〜⁴ を）見分ける，（〜⁴ だと）分
かる，（〜⁴ に）気づく

〔erkannte - erkannt〕

bemerken
[bəmérkən]
ベメルケン

🔲 （〜⁴ に）気づく

entdecken
[ɛntdékən]
エントデッケン

🔲 （〜⁴ を）発見する

beobachten
[bə|ó:baxtən]
ベオーバハテン

🔲 （〜⁴ を）観察する

betrachten
[bətráxtən]
ベトラハテン

🔲 （〜⁴ を）じっと見る

zu|hören
[tsú:hø:rən]
ツーヘーレン

🔲 （注意深く）聴く

Das klingt interessant!	それはおもしろそうですね！
Das Wort fällt mir nicht ein.	その単語が思い出せません。
Ich schätze, sie ist über 90 Jahre alt.	私は彼女は 90 歳以上だと思います。
Ich vermute, er ist jetzt im Urlaub.	私は彼は今休暇中だと思います。
Ich habe ihn gleich erkannt.	私は彼だとすぐに分かりました。
Er hat den Fehler nicht bemerkt.	彼はその誤りに気づきませんでした。
Wer hat Amerika entdeckt?	誰がアメリカを発見したのですか。
Heute Abend beobachten wir die Sterne.	今晩私たちは星を観察します。
Der Mann betrachtet lange ein Bild.	その男性は長い間 1 枚の絵を鑑賞しています。
Hör mal gut zu!	ねえよく聞いて！

erfahren[*] [ɛɐ̯fáːrən] エアファーレン	動 （～⁴ を聞いて）知る〔erfuhr - erfahren〕 a→ä
der **Eindruck** [áindrʊk] アインドルック	男 印象 *pl.* die Eindrücke
die **Erinnerung** [ɛɐ̯ínərʊŋ] エアイネルング	女 思い出 *pl.* die Erinnerungen
das **Gedächtnis** [gədéçtnɪs] ゲデヒトニス	中 記憶(力)，思い出
sich³ **merken** [zɪç mérkən] ズィヒ メルケン	動 （～⁴ を）覚えておく
empfinden [ɛmpfíndən] エムプフィンデン	動 （～⁴ を）感じる，知覚する〔empfand - empfunden〕
spüren [ʃpýːrən] シュピューレン	動 （～⁴ を）感じる，知覚する
riechen [ríːçən] リーヒェン	動 （～の）においがする〔roch - gerochen〕

🎧 一日の生活
010

auf|wachen [áufvaxən] アオフヴァッヘン	動 目が覚める (s)
ein|schlafen[*] [áinʃlaːfən] アインシュラーフェン	動 眠り込む du schläfst...ein er schläft...ein (s)〔schlief...ein - eingeschlafen〕
rasieren [razíːrən] ラズィーレン	動 （～⁴ の）ひげをそる

44

Das habe ich erst gestern erfahren.

そのことを私はようやく昨日知りました。

Er hat auf mich einen guten Eindruck gemacht.

彼は私に良い印象を与えました。

Das ist eine der schönsten Erinnerungen meines Lebens.

これは私の人生で最もすばらしい思い出のひとつです。

Sie hat ein gutes Gedächtnis.

彼女は記憶力がいいです。

Ich kann mir seinen Geburtstag immer noch nicht merken.

私は彼の誕生日をいまだに覚えられません。

Da hat sie Freude empfunden.

その時彼女は喜びを感じました。

Ich spüre, dass es bald Frühling wird.

私はもうすぐ春になるのを感じます。

Es riecht gut!

いいにおいがします！

非人称の es が主語として用いられることもある。

Ich bin heute sehr früh aufgewacht.

私は今日とても早く目が覚めました。

Erst um drei Uhr nachts bin ich eingeschlafen.

夜の3時にようやく私は寝入りました。

Jeden Morgen rasiere ich mich.

毎朝私はひげをそります。

schminken
[ʃmíŋkən]
シュミンケン

動 (～⁴の)化粧をする

aus|ziehen
[áustsiːən]
アオスツィーエン

動 (服など⁴を)脱ぐ,
引っ越す 「脱ぐ」(h) 「引っ越す」(s)

(s, h) 〔zog...aus - ausgezogen〕

家事)
011 der **Einkauf**
[áinkauf]
アインカオフ

男 買い物
pl. die Einkäufe

spülen
[ʃpýːlən]
シュピューレン

動 (～⁴を)すすぐ, 洗う

reinigen
[ráinɪɡən]
ライニゲン

動 (～⁴を)きれいにする, クリー
ニングする

die **Reinigung**
[ráinɪɡʊŋ]
ライニグング

女 きれいにすること, クリーニン
グ店
pl. die Reinigungen

auf|räumen
[áufrɔymən]
アオフロイメン

動 (～⁴を)片づける, 整理する

der **Müll**
[mʏl]
ミュル

男 ごみ

der **Staub**
[ʃtaup]
シュタオプ

男 ほこり

der **Staubsauger**
[ʃtáupzauɡɐ]
シュタオプザオガー

男 掃除機
pl. die Staubsauger

46

Warum schminken sich die Japanerinnen im Zug?	なぜ日本人女性は電車で化粧をするのですか。
Bitte ziehen Sie die Schuhe aus!	靴を脱いでください！
Bald ziehe ich aus.	まもなく私は引っ越します。
Ich muss vormittags Einkäufe erledigen.	私は午前中に買い物をすませなければなりません。
Mein Vater spült das Geschirr.	私の父は食器を洗います。
Ich lasse die Kleider reinigen.	私は服をクリーニングに出します。
Bring den Anzug in die Reinigung, bitte.	そのスーツをクリーニングに出して。
Ich soll mein Zimmer aufräumen.	私は部屋を片づけるようにといわれています。
Bitte trennen Sie den Müll genau.	ごみを正確に分別してください。
Hier sieht man noch Staub.	ここにまだほこりが見えます。
Wir brauchen einen neuen Staubsauger.	私たちには新しい掃除機が必要です。

auf|wachen

baden

auf|stehen

sich **duschen**

sich **rasieren**

die **Mahlzeit**

frühstücken

sich **schminken**

sich **an|ziehen**

fressen

sich **aus|ziehen**

sich[3] die **Zähne putzen**

spülen

die **Waschmaschine**

waschen

auf|räumen

das **Geschirr**

die **Wäsche**

putzen

kochen

hungrig

der **Staubsauger**

der **Staub**

aus|gehen

einkaufen gehen

zu Mittag essen

das **Mittagessen**

Einkäufe machen

die **Reinigung**

zurück|kommen

die **Seife**

die Kleider reinigen lassen

fern|sehen

sich³ die **Hände waschen**

das **Abendessen**

ein|schlafen

träumen

zu Abend essen

49

食事

die Mahlzeit
[máːltsait]
マールツァイト

女 食事
pl. die Mahlzeiten

die Speise
[ʃpáizə]
シュパイゼ

女 料理
pl. die Speisen

der Nachtisch
[náːxtiʃ]
ナーハティッシュ

男 デザート
pl. die Nachtische

vegetarisch
[vegetáːriʃ]
ヴェゲターリシュ

形 菜食主義の

der Geschmack
[gəʃmák]
ゲシュマック

男 味，好み
pl. die Geschmäcke(r)

fett
[fɛt]
フェット

形 脂っこい，太った

scharf
[ʃarf]
シャルフ

形 辛い，鋭い

013

食材・調味料

der Kohl
[koːl]
コール

男 キャベツ

der Pilz
[pɪlts]
ピルツ

男 キノコ
pl. die Pilze

der Schinken
[ʃíŋkən]
シンケン

男 ハム

Mahlzeit!	召し上がれ。／いただきます。 （食事の際の挨拶）
Drei Mahlzeiten am Tag sind wichtig.	1日3回の食事は大事です。
Diese Speise ist lecker.	この料理はおいしいです。
Was gibt es zum Nachtisch?	デザートには何がありますか。
Das vegetarische Menü nehme ich.	私はこのベジタリアン定食に します。
Ich liebe den Geschmack der japanischen Küche.	私は和食の味が好きです。
Das ist nicht mein Geschmack.	これは私の好みではありません。
Ich mag kein fettes Essen.	私は脂っこい食事は好きでは ありません。
Dieses Curry ist zu scharf!	このカレーは辛すぎます！
Ich kaufe einen Blumenkohl.	私はカリフラワーを買います。

der Blumenkohl : カリフラワー
der Weißkohl : シロキャベツ

Diese Pilzsoße ist sehr lecker.	このキノコのソースはとても おいしいです。

die Soße : ソース

Zum Frühstück habe ich ein Schinkenbrot gegessen.	朝食に私はハムをのせたパン を食べました。

der **Spargel**	男 アスパラガス
	pl. die Spargel
[ʃpárgəl]	
シュパルゲル	

die **Zwiebel**	女 タマネギ
	pl. die Zwiebeln
[tsvíːbəl]	
ツヴィーベル	

der **Knoblauch**	男 ニンニク
[knóːplaux]	
クノープラオホ	

die **Frucht**	女 果実
	pl. die Früchte
[froxt]	
フルフト	

die **Birne**	女 洋梨
	pl. die Birnen
[bírnə]	
ビルネ	

die **Zitrone**	女 レモン
	pl. die Zitronen
[tsitróːnə]	
ツィトローネ	

der **Essig**	男 酢
[ésɪç]	
エスィヒ	

der **Pfeffer**	男 コショウ
[pféfɐ]	
プフェッファー	

die **Süßigkeiten**	複 甘いもの，（甘い）お菓子
[zýːsɪçkaitən]	
ジュースィヒカイテン	

reif	形 熟した
[raif]	
ライフ	

roh	形 生の
[roː]	
ロー	

Ich koche frischen Spargel.	私は新鮮なアスパラガスをゆでます。
Ich brate Zwiebeln.	私はタマネギを炒めます。
Ich mag keinen Knoblauch.	私はニンニクが嫌いです。
Morgens esse ich Früchte.	毎朝，私はフルーツを食べます。
Diese Birne ist sehr süß.	この洋梨はとても甘いです。
Wozu benutzt du die Zitrone?	そのレモンを何に使うの？
Essig ist gut für die Gesundheit.	お酢は健康に良いです。
Gib mir bitte den Pfeffer.	コショウをとって。
Die Kinder essen Süßigkeiten.	子どもたちはお菓子を食べます。
Der Apfel ist noch nicht reif.	そのりんごはまだ熟していません。
Die meisten Deutschen essen keine rohen Eier.	大部分のドイツ人は生卵を食べません。

014 grillen
[grílən]
グリレン

動 (肉など⁴を)焼き網で焼く

---

die **Pfanne**
[pfánə]
プファネ

女 フライパン
pl. die Pfannen

---

die **Schüssel**
[ʃýsəl]
シュッセル

女 ボウル
pl. die Schüsseln

---

der **Becher**
[béçɐ]
ベッヒャー

男 (主に取っ手や脚のない)グラス,
コップ
pl. die Becher

---

das **Geschirr**
[gəʃír]
ゲシル

中 食器

---

das **Rezept**
[retsépt]
レツェプト

中 レシピ,処方箋
pl. die Rezepte

---

015 die Kneipe
[knáipə]
クナイペ

女 飲み屋
pl. die Kneipen

---

das **Lokal**
[loká:l]
ロカール

中 飲食店
pl. die Lokale

---

die **Bedienung**
[bədí:nʊŋ]
ベディーヌング

女 サービス,給仕

---

016 die Zigarette
[tsigarétə]
ツィガレッテ

女 紙巻きタバコ
pl. die Zigaretten

Am Wochenende grillen wir im Garten.	週末，私たちは庭でグリルをします。
Ich brate Schweinefleisch in der Pfanne.	私は豚肉をフライパンで炒めます。
Hol mir bitte eine Salatschüssel!	サラダボウルを取ってきて！
Das Kind isst einen Becher Eis.	その子どもはグラスに盛ったアイスを食べます。
Nach dem Essen spüle ich das Geschirr.	食後に私は食器を洗います。
Es ist nicht immer so einfach, nach Rezept zu kochen.	レシピどおりに料理するのはいつもそう簡単なわけではありません。
Gehen wir in die Kneipe!	飲み屋へ行きましょう！
Das Bierlokal ist immer voll.	そのビアホールはいつも満員です。
Die Bedienung in diesem Restaurant war herrlich.	このレストランのサービスはすばらしかったです。
In Deutschland sind Zigaretten teuer.	ドイツではタバコが高いです。

017 der **Stiefel**
[ʃtíːfəl]
シュティーフェル

男 ブーツ，長靴
pl. die Stiefel

der **Strumpf**
[ʃtrʊmpf]
シュトルムプフ

男 ストッキング，長靴下
pl. die Strümpfe

der **Schal**
[ʃaːl]
シャール

男 スカーフ，ショール
pl. die Schals

der **Schmuck**
[ʃmʊk]
シュムック

男 アクセサリー，飾り

die **Uniform**
[unifɔ́rm]
ウニフォルム

女 制服
pl. die Uniformen

018 das **Portemonnaie/
Portmonee**
[pɔrtmɔnéː]
ポルトモネー

中 財布
pl. die Portemonnaies/Portmonees

das **Taschentuch**
[táʃəntuːx]
タッシェントゥーフ

中 ハンカチ
pl. die Taschentücher

mit|nehmen*
[mítneːmən]
ミットネーメン

動 (～⁴ を)持っていく，(～⁴ を)連れていく

du nimmst…mit
er nimmt…mit

〔nahm…mit ‐ mitgenommen〕

019 der **Vorhang**
[fóːɐ̯haŋ]
フォーアハング

男 カーテン
pl. die Vorhänge

die **Decke**
[dékə]
デッケ

女 (テーブルクロス・毛布などの)覆い，天井
pl. die Decken

Ich möchte diese Lederstiefel haben.

私はこの革製のブーツが欲しいです。

Ich suche dünne Strümpfe.

私は薄手のストッキングを探しています。

Der Schal ist sehr schick.

そのスカーフはとてもおしゃれです。

Die Frau trägt Schmuck aus Gold.

その女性は金のアクセサリーをつけています。

Viele Schüler in Japan tragen Schuluniformen.

日本の多くの生徒たちは制服を着ています。

Mein Portemonnaie ist weg!

私の財布がなくなりました！

Ich habe mein Taschentuch verloren.

私はハンカチをなくしてしまいました。

Ich nehme meinen Regenschirm mit.

私は傘を持っていきます。

Heute muss ich Vorhänge waschen.

今日私はカーテンを洗わなければなりません。

Brauchen Sie eine Decke?

毛布が必要ですか。

der **Wecker** [vékɐ] ヴェッカー	男 目覚まし時計 pl. die Wecker
das **Feuerzeug** [fɔ́ɐ̯tsɔɪ̯k] フォイアーツォイク	中 ライター pl. die Feuerzeuge
die **Kerze** [kértsə] ケルツェ	女 ろうそく pl. die Kerzen
die **Seife** [záifə] ザイフェ	女 せっけん
die **Tinte** [tíntə] ティンテ	女 インク
der **Zettel** [tsétəl] ツェッテル	男 紙切れ pl. die Zettel
der **Korb** [kɔrp] コルプ	男 かご pl. die Körbe
die **Tüte** [týːtə] テューテ	女 (紙・ビニールの) 袋 pl. die Tüten
das **Spielzeug** [ʃpíːltsɔɪ̯k] シュピールツォイク	中 おもちゃ
die **Tafel** [táːfəl] ターフェル	女 板, 黒板 pl. die Tafeln
der **Rahmen** [ráːmən] ラーメン	男 枠, 額縁 pl. die Rahmen

Ich habe den Wecker auf 6 Uhr gestellt.	私は目覚まし時計を6時にセットしました。
Haben Sie ein Feuerzeug?	ライターをお持ちですか。
Die Kerze brennt hell.	ろうそくが明るくともっています。
Wasch dir die Hände mit Seife!	せっけんで手を洗いなさい！
Die schwarze Tinte ist alle.	黒インクがなくなりました。

alle（副詞）：使いきった

Können Sie Ihre Adresse bitte auf den Zettel schreiben?	あなたの住所をその紙に書いていただけますか。
Hol mir bitte den Korb mit Orangen.	オレンジが入ったかごを取ってきて。
Brauchen Sie eine Tüte?	袋が必要ですか。
Das Kind hat zu Weihnachten viel Spielzeug bekommen.	その子どもはクリスマスにたくさんのおもちゃをもらいました。
Ich esse jeden Tag eine Tafel Schokolade.	私は毎日板チョコを1枚食べます。
Er nimmt das Bild aus dem Rahmen.	彼はその絵を額縁からはずします。

die **Kugel** [kú:gəl] クーゲル	女 球, 玉 *pl.* die Kugeln
der **Gegenstand** [gé:gənʃtant] ゲーゲンシュタント	男 物, 対象 *pl.* die Gegenstände

die **Gegenstände** 物

der **Vorhang**

der **Zettel**

der **Wecker**

die **Heizung**

die **Schere**

der **Kasten**

die **Puppe**

die **Tafel**

das **Spielzeug**

Am Weihnachtsbaum hängen viele schöne Kugeln.

クリスマスツリーにはたくさんのきれいな玉飾りがついています。

Werfen Sie keine Gegenstände aus dem Fenster.

窓から物を投げないでください。

der **Weihnachtsbaum**

der **Stern**

die **Kugel**

der **Rahmen**

das **Bild**

der **Korb**

die **Tüte**

das **Feuerzeug**

die **Kerze**

das **Weihnachtsgeschenk**

die **Decke**

020

der **Stoff**
[ʃtɔf]
シュトフ

男 布地，物質，題材
pl. die Stoffe

die **Baumwolle**
[báumvɔlə]
バオムヴォレ

女 木綿

das **Leder**
[léːdɐ]
レーダー

中 革

die **Wolle**
[vɔ́lə]
ヴォレ

女 毛

das **Eisen**
[áizən]
アイゼン

中 鉄

021

der/die **Bewohner/-in**
[bəvóːnɐ]
ベヴォーナー

男 女 住人
pl. die Bewohner/-innen

vermieten
[fɛɐ̆míːtən]
フェアミーテン

動 (～⁴ を) 賃貸しする   ⇔ mieten

022

das **Erdgeschoss**
[éːɐ̆tgəʃɔs]
エーアトゲショス

中 一階 (地階)
pl. die Erdgeschosse

der **Flur**
[fluːɐ̆]
フルーア

男 廊下，玄関
pl. die Flure

die **Stufe**
[ʃtúːfə]
シュトゥーフェ

女 段，段階
pl. die Stufen

der **Aufzug**
[áuftsuːk]
アオフツーク

男 エレベーター
pl. die Aufzüge

62

Ich kaufe einen Stoff mit blauen Punkten.

私は青い水玉模様の布地を買います。

Er trägt gern Hemden aus Baumwolle.

彼は木綿のシャツを好んで着ます。

Dieses Leder ist sehr weich.

この革はとてもやわらかいです。

Ich möchte einen Pullover aus Wolle kaufen.

私はウールのセーターを買いたいです。

Die Pfanne ist aus Eisen.

そのフライパンは鉄製です。

Er ist ein Bewohner des Hauses.

彼はその家の住人です。

Meine Oma vermietet Zimmer.

私のおばあちゃんは部屋を貸しています。

Ich wohne im Erdgeschoss.

私は1階（地階）に住んでいます。

Einige Studenten warten auf dem Flur.

数人の学生が廊下で待っています。

Vorsicht, Stufe!

段差に注意！

In diesem Gebäude gibt es keinen Aufzug.

この建物にはエレベーターがありません。

der **Ofen** [ó:fən] オーフェン	男 ストーブ，暖炉 *pl.* die Öfen
das **Gerät** [gəré:t] ゲレート	中 器具，器械，テレビ，ラジオ *pl.* die Geräte
die **Steckdose** [ʃtékdo:zə] シュテックドーゼ	女 コンセント *pl.* die Steckdosen

023

erziehen [ɛɐ̯tsí:ən] エアツィーエン	動 (〜⁴ を)教育する，しつける 〔erzog - erzogen〕
das **Praktikum** [práktikʊm] プラクティクム	中 実習 *pl.* die Praktika
die **Ausbildung** [áusbɪldʊŋ] アオスビルドゥング	女 職業教育 *pl.* die Ausbildungen
die **Bildung** [bíldʊŋ] ビルドゥング	女 教育，教養 eine akademische Bildung **haben**：大卒である
das **Wissen** [vísən] ヴィッセン	中 知識
die **Kenntnis** [kéntnɪs] ケントニス	女 (専門的な)知識 *pl.* die Kenntnisse
das **Institut** [ɪnstitú:t] インスティトゥート	中 研究所 *pl.* die Institute
die **Forschung** [fɔ́rʃʊŋ] フォルシュング	女 研究 *pl.* die Forschungen

64

Die Katze schläft am Ofen.

猫はストーブのそばで寝ています。

Kannst du bitte das Gerät lauter stellen?

テレビ（ラジオ）の音量を上げてくれない？

Im Wohnzimmer gibt es drei Steckdosen.

居間にはコンセントが３つあります。

Das Kind ist gut erzogen.

その子はよくしつけられています。

Sie hat ein medizinisches Praktikum gemacht.

彼女は医学実習をしました。

Ich habe in Japan eine Ausbildung gemacht.

私は日本で職業教育を受けました。

Sie hat keine Bildung.

彼女には教養がありません。

Wissen ist Macht.

知は力なり（ことわざ）。

Er hat gute sprachliche Kenntnisse.

彼は十分な語学の知識を持っています。

Er arbeitet an einem Institut.

彼は研究所で働いています。

Was ist Ihr Forschungsthema?

あなたの研究テーマは何ですか。

das **Fach**
[fax]
ファッハ

中 専門，科目，仕切り
pl. die Fächer

die **Informatik**
[ɪnfɔrmáːtɪk]
インフォルマーティク

女 情報科学

die **Linguistik**
[lɪŋgŭístɪk]
リングイスティク

女 言語学

die **Politikwissenschaften**
[politíːkvɪsənʃaftən]
ポリティークヴィッセンシャフテン

複 政治学

die **Wirtschaftswissenschaften**
[vírtʃaftsvɪsənʃaftən]
ヴィルトシャフツヴィッセンシャフテン

複 経済学

die **Statistik**
[ʃtatístɪk]
シュタティスティク

女 統計，統計学
pl. die Statistiken

das **Seminar**
[zemináːr]
ゼミナール

中 (大学の)ゼミナール
pl. die Seminare

das **Referat**
[referáːt]
レフェラート

中 研究報告，レポート，(ゼミでの)
発表

ein Referat über ~⁴ halten：
~について研究発表をする

pl. die Referate

der **Aufsatz**
[áufzats]
アオフザッツ

男 (学校の)作文，論文，レポート
pl. die Aufsätze

abwesend
[ápveːzənt]
アップヴェーゼント

形 不在の，欠席の

Welches Fach möchten Sie studieren? どの科目を専攻したいですか。

Mein älterer Bruder hat Informatik
studiert.
私の兄は情報科学を専攻しました。

Ich interessiere mich nicht nur
für Literatur, sondern auch für
Linguistik.
私は文学だけではなく言語学にも興味があります。

Ich interessiere mich gar nicht für
Politikwissenschaften.
私は政治学にまったく興味がありません。

Er studiert in Tokyo
Wirtschaftswissenschaften.
彼は東京の大学で経済学を専攻しています。

Die Statistik zeigt, dass heute viele
Ausländer in dieser Stadt wohnen.
その統計は，今日多くの外国人がこの町に住んでいることを示しています。

Ich möchte an diesem Seminar
teilnehmen.
私はこのゼミに参加したいです。

Nächste Woche halte ich im Seminar
ein Referat.
来週私はゼミで発表をします。

Worüber hast du einen Aufsatz
geschrieben?
何について作文を書いたの？

Wegen der Grippe sind viele Schüler
abwesend.
インフルエンザのため多くの生徒が欠席しています。

anwesend [ánveːzənt] アンヴェーゼント	形 出席の
das **Vorbild** [fóːɐ̯bɪlt] フォーアビルト	中 手本 *pl.* die Vorbilder
das **Abitur** [abitúːɐ̯] アビトゥーア	中 アビトゥーア(ギムナジウム卒業試験)
das **Examen** [ɛksáːmən] エクサーメン	中 試験 *pl.* die Examen
bestehen [bəʃtéːən] ベシュテーエン	動 (試験など ⁴ に)受かる, (aus ～ ³ から)成り立っている 〔bestand - bestanden〕
die **Leistung** [láistʊŋ] ライストゥング	女 業績, 成績 *pl.* die Leistungen
die **Note** [nóːtə] ノーテ	女 評点, 音符, 楽譜 *pl.* die Noten
das **Zeugnis** [tsɔ́ɪknɪs] ツォイクニス	中 成績証明書 *pl.* die Zeugnisse
das **Thema** [téːma] テーマ	中 テーマ *pl.* die Themen
die **Theorie** [teoríː] テオリー	女 理論 *pl.* die Theorien

Fast alle sind anwesend.	ほとんど全員が出席しています。
Er ist kein gutes Vorbild.	彼は良い手本ではありません。
Ich habe das Abitur bestanden.	私はアビトゥーアに合格しました。
Ich muss für das Examen lernen.	私は試験のために勉強をしなければなりません。
Ich habe die Prüfung bestanden.	私は試験に受かりました。
Das Getränk besteht aus Cola und Bier.	その飲み物はコーラとビールからできています。
Seine Mutter freut sich über die guten Leistungen ihres Sohnes.	彼の母は息子の良い成績に喜んでいます。
Meine Noten in Mathe waren gut.	私の数学の成績は良かったです。
Sie spielt Klavier ohne Noten.	彼女は楽譜を見ないでピアノを演奏します。
Er hat immer gute Zeugnisnoten.	彼はいつも成績表の点が良いです。
Das Thema dieses Seminars ist der Umweltschutz.	このゼミのテーマは環境保護です。
Diese Theorie ist leicht zu verstehen.	この理論は容易に理解できます。

sein + zu 不定詞：〜されうる

| die **Lektion** | 女 (教科書の)課 |
| [lɛktsíóːn] レクツィオーン | *pl.* die Lektionen |

🎧 **理解・学習**
024

| der **Fortschritt** | 男 進歩，上達 |
| [fɔ́rtʃrɪt] フォルトシュリット | *pl.* die Fortschritte |

| das **Verständnis** | 中 理解 |
| [fɛɐ̯ʃténtnɪs] フェアシュテントニス | |

| **begreifen** | 動 (〜⁴ を)理解する |
| [bəgráifən] ベグライフェン | 〔begriff - begriffen〕 |

| **sich konzentrieren** | 動 (auf 〜⁴ に)集中する |
| [zɪç kɔntsɛntríːrən] ズィヒ コンツェントリーレン | |

| **verbessern** | 動 (〜⁴ を)改良する，訂正する |
| [fɛɐ̯bésɐn] フェアベッサーン | |

| **auswendig** | 副 暗記して |
| [áusvɛndɪç] アオスヴェンディヒ | |

🎧 **文学・芸術**
025

| der **Krimi** | 男 推理小説 |
| [kríːmi] クリーミ | *pl.* die Krimis |

| die **Erzählung** | 女 物語 |
| [ɛɐ̯tséːluŋ] エアツェールング | *pl.* die Erzählungen |

| das **Gedicht** | 中 詩 |
| [gədíçt] ゲディヒト | *pl.* die Gedichte |

| der/die **Dichter/-in** | 男 女 詩人，作家 |
| [díçtɐ] ディヒター | *pl.* die Dichter/-innen |

| Heute lernen wir die Lektion 4. | 今日私たちは4課を学びます。 |

| Wenn Sie Fortschritte machen möchten, müssen Sie jeden Tag üben. | もし上達したいのなら毎日練習しなければいけません。 |

| Vielen Dank für Ihr Verständnis! | ご理解いただきありがとうございます。 |

| Ich kann diese Situation noch nicht begreifen. | 私はこの状況をまだ理解できません。 |

| Ich kann mich nicht konzentrieren. | 私は集中できません。 |

| Der Lehrer hat meine Aussprache verbessert. | 先生は私の発音を直しました。 |

| Ich muss in den Ferien 1000 Wörter auswendig lernen. | 私は休暇中に1000語暗記しなければなりません。 |

~⁴ auswendig lernen：～を暗記する

| Ich lese gern Krimis. | 私は推理小説を読むのが好きです。 |

| Wann entstand diese Erzählung? | この物語はいつ生まれたのですか。 |

| Dieses Gedicht von Goethe ist sehr berühmt. | ゲーテのこの詩はとても有名です。 |

| Er ist ein berühmter Dichter. | 彼は有名な詩人です。 |

dichten [díçtən] ディヒテン	動 (詩など⁴を)創作する
das **Tagebuch** [táːgəbuːx] ターゲブーフ	中 日記 *pl.* die Tagebücher
die **Übersetzung** [yːbɐzétsʊŋ] ユーバーゼッツング	女 翻訳 *pl.* die Übersetzungen
das **Werk** [vɛrk] ヴェルク	中 (芸術)作品，仕事 *pl.* die Werke
der **Titel** [tíːtəl] ティーテル	男 題名，称号 *pl.* die Titel
das **Symbol** [zʏmbóːl] ズュンボール	中 象徴 *pl.* die Symbole
der **Stil** [ʃtiːl] シュティール	男 様式，文体 *pl.* die Stile
das **Genie** [ʒeníː] ジェニー	中 天才 *pl.* die Genies
dar|stellen [dáːrʃtɛlən] ダールシュテレン	動 (〜⁴を)表す，(役⁴を)演じる
bilden [bíldən] ビルデン	動 (〜⁴を)形作る
schaffen¹ [ʃáfən] シャッフェン	動 (〜⁴を)創造する 〔schuf - geschaffen〕

Er hat in Italien viel gedichtet.

彼はイタリアで多く詩作しました。

Ich habe „Das Tagebuch der Anne Frank" gelesen.

私は『アンネの日記』を読みました。

In Deutschland kann man viele japanische Mangas in der Übersetzung lesen.

ドイツでは多くの日本の漫画を翻訳で読むことができます。

In diesem Museum sieht man viele Werke von Rubens.

この美術館では多くのルーベンスの作品が見られます。

Wie heißt der Titel des Romans?

その小説のタイトルは何ですか。

Dieses Tier ist ein Glückssymbol.

この動物は幸運の象徴です。

Das Gebäude ist im gotischen Stil gebaut.

その建物はゴシック様式で建てられています。

gotisch：ゴシック様式の

Wolfgang Amadeus Mozart war ein Genie.

ヴォルフガング・アマデウス・モーツァルトは天才でした。

Was stellt das Bild dar?

その絵は何を表現しているのですか。

Bilden Sie aus diesen Wörtern einen Satz.

これらの単語から文を作ってください。

Der Künstler hat dieses Werk geschaffen.

その芸術家がこの作品を創作しました。

die **Aufführung** [áuffy:rʊŋ] アオフフュールング	**女** 上演 **pl.** die Aufführungen
die **Ausstellung** [áusʃtɛlʊŋ] アオスシュテルング	**女** 展覧会 **pl.** die Ausstellungen
die **Veranstaltung** [fɛɐ̯|ánʃtaltʊŋ] フェアアンシュタルトゥング	**女** 催し物 **pl.** die Veranstaltungen
die **Sammlung** [zámlʊŋ] ザムルング	**女** 収集，コレクション **pl.** die Sammlungen
die **Bühne** [bý:nə] ビューネ	**女** 舞台 **pl.** die Bühnen
das **Gemälde** [gəmé:ldə] ゲメールデ	**中** 絵画 **pl.** die Gemälde
komponieren [kɔmponí:rən] コムポニーレン	**動** 作曲する
das **Instrument** [ɪnstrumént] インストルメント	**中** 楽器 **pl.** die Instrumente
die **Flöte** [flǿ:tə] フレーテ	**女** フルート **pl.** die Flöten

受容

026 das **Publikum**
[pú:blikʊm]
プーブリクム

中 観客，聴衆，読者

74

Wir freuen uns auf die Aufführung.

私たちは上演を楽しみにしています。

Ich gehe in eine Ausstellung moderner Kunst.

私は現代美術展に行きます。

Wo findet die Veranstaltung statt?

その催し物はどこで行われるのですか。

Diese Gemäldesammlung gehört meinem Großvater.

この絵画コレクションは祖父のものです。

Die Frau, die auf der Bühne singt, ist meine Tochter.

舞台で歌っている女性は私の娘です。

In diesem Museum gibt es viele Gemälde von Franz Marc.

この美術館にはフランツ・マルクの絵画がたくさんあります。

Beethoven hat das Klavierstück komponiert.

ベートーベンがそのピアノ曲を作曲しました。

Was für ein Instrument kannst du spielen?

どんな楽器を演奏できるの？

Ich höre jemanden Flöte spielen.

私は誰かがフルートを吹いているのが聞こえます。

sehen, hören などの知覚動詞は人・物の4格と不定詞（句）とともに用いられ，人・物の4格が〜するのが見える，聞こえる，という意味になる。

Das Publikum war mit dem Konzert sehr zufrieden.

聴衆はコンサートに大変満足しました。

der/die **Zuschauer/-in**
[tsúːʃauɐ]
ツーシャオアー

男 女 観客，視聴者
pl. die Zuschauer/-innen

auf|nehmen*
[áufneːmən]
アオフネーメン

動 (〜⁴ を)受け入れる，録音(録画・撮影・記録)する

du nimmst...auf
er nimmt...auf

(nahm...auf - aufgenommen)

🎧 **人体**
027

die **Brust**
[brʊst]
ブルスト

女 胸
pl. die Brüste

das **Knie**
[kniː]
クニー

中 ひざ
pl. die Knie

pl. はクニー [kniː] または
クニーエ [kníːə] と発音。

die **Lippe**
[lípə]
リッペ

女 唇
pl. die Lippen

die **Zunge**
[tsúŋə]
ツンゲ

女 舌
pl. die Zungen

die **Haut**
[haut]
ハオト

女 皮膚
pl. die Häute

der **Knochen**
[knóxən]
クノッヘン

男 骨
pl. die Knochen

das **Blut**
[bluːt]
ブルート

中 血

blond
[blɔnt]
ブロント

形 金髪の

Im Stadion sind viele Zuschauer.

スタジアムには多くの観客がいます。

Die Aufführung wurde vom Publikum begeistert aufgenommen.

その上演は観客に熱狂的に受け入れられました。

Das Kind hat das Kätzchen an die Brust gedrückt.

その子どもは子猫を胸に抱きしめました。

Beide Knie tun mir weh.

私は両ひざが痛いです。

Sie hat rote Lippen.

彼女は赤い唇をしています。

Ich habe dem Arzt die Zunge gezeigt.

私は医者に舌を見せました。

Ich habe eine trockene Haut.

私は乾燥肌です。

Letzte Woche habe ich mir einen Knochen gebrochen.

先週私は骨折しました。

Ich habe Blutgruppe AB.

私の血液型は AB 型です。

Anna ist blond.

アンナは金髪です。

die **Diät** [diέːt] ディエート	**女** ダイエット
der/die **Patient/-in** [patsíént] パツィエント	**男** **女** 患者 **pl.** die Patienten/Patientinnen
die **Untersuchung** [ʊntɐzúːxʊŋ] ウンターズーフング	**女** 診察，調査 **pl.** die Untersuchungen
untersuchen [ʊntɐzúːxən] ウンターズーヘン	**動** (〜⁴を)診察する，調査する
der **Stress** [ʃtrɛs] シュトレス	**男** ストレス
sich erkälten [zɪç ɛɐ̆kéltən] ズィヒ エアケルテン	**動** 風邪をひく
erkältet [ɛɐ̆kéltət] エアケルテット	**形** 風邪をひいた
der **Schnupfen** [ʃnúpfən] シュヌップフェン	**男** 鼻風邪 Heuschnupfen： 花粉症
husten [húːstən] フーステン	**動** せきをする
verletzen [fɛɐ̆létsən] フェアレッツェン	**動** (〜⁴を)傷つける， sich けがをする
schmerzen [ʃmértsən] シュメルツェン	**動** 痛む

Ich will eine Diät machen.　　　私はダイエットをするつもりです。

In diesem Krankenhaus sind immer viele Patienten.　　　この病院にはいつもたくさんの患者がいます。

Ich habe heute eine Untersuchung im Krankenhaus.　　　私は今日病院で診察を受けます。

Der Arzt untersucht nur wenige Patienten.　　　その医者は少数の患者しか診察しません。

Wegen dieser Arbeit habe ich Stress.　　　この仕事のせいで私はストレスを感じています。

Letzte Woche habe ich mich erkältet.　　　先週私は風邪をひきました。

Ich bin seit vorgestern erkältet.　　　私はおとといから風邪をひいています。

Seit einer Woche habe ich einen Schnupfen.　　　1週間前から私は鼻風邪をひいています。

einen Schnupfen haben：鼻風邪をひいている

Seit gestern hustet mein Sohn.　　　昨日から私の息子はせきをしています。

Zum Glück wurde bei dem Unfall niemand verletzt.　　　幸いなことに事故の際，誰もけがをしませんでした。

Mein Kopf schmerzt.　　　頭が痛みます。

operieren
[opərí:rən]
オペリーレン

動 (〜⁴ を)手術する

sich erholen
[zɪç ɛɐ̯hó:lən]
ズィヒ エアホーレン

動 休養する，元気を取り戻す

fit
[fɪt]
フィット

形 コンディション(体調)が良い

🎧 生理現象
029 **zittern**
[tsítɐn]
ツィッターン

動 震える

frieren
[frí:rən]
フリーレン

動 寒がる，凍る

〔fror - gefroren〕

「凍る」は (s)

schwitzen
[ʃvítsən]
シュヴィッツェン

動 汗をかく

hungrig
[húŋrɪç]
フングリヒ

形 空腹の

durstig
[dórstɪç]
ドゥルスティヒ

形 のどの渇いた

🎧 スポーツ
030 **der Kampf**
[kampf]
カムプフ

男 戦い，試合
pl. die Kämpfe

kämpfen
[kémpfən]
ケムプフェン

動 戦う

der Wettkampf
[vétkampf]
ヴェットカムプフ

男 試合
pl. die Wettkämpfe

80

Der Kranke wird morgen operiert. | その患者は明日手術を受けます。

Erhol dich gut! | 十分休養してね。

Der Spieler ist noch nicht fit. | その選手はまだコンディションが良くありません。

Meine Hände zittern vor Kälte. | 私の手は寒さで震えています。

Wenn du frierst, mache ich die Heizung an. | 寒いなら暖房をつけるよ。

Auch im Winter schwitze ich manchmal. | 冬でも私はときどき汗をかきます。

Ich bin sehr hungrig. | 私はとてもお腹がすいています。

Ich bin nicht hungrig, aber durstig. | 私はお腹はすいていませんが, のどが渇いています。

Der Kampf der beiden war heftig. | 両者の試合は激しかったです。

Die Boxer kämpfen um den Titel. | ボクサーたちはタイトルをかけて戦います。

der Boxer: ボクサー

um ~⁴ kämpfen : ～を求めて戦う

Wir haben den Wettkampf verloren. | 私たちは試合に負けました。

die **Olympiade**
[olympĭá:də]
オリュムピアーデ

女 オリンピック
pl. die Olympiaden

---

die **Mannschaft**
[mánʃaft]
マンシャフト

女 チーム
pl. die Mannschaften

---

rennen
[rénən]
レネン

動 走る

(s) 〔rannte - gerannt〕

---

reiten
[ráitən]
ライテン

動 (馬などに)乗る

(s, h) 〔ritt - geritten〕

031 娯楽

angeln
[áŋəln]
アンゲルン

動 釣る

---

das **Rätsel**
[ré:tsəl]
レーツェル

中 なぞなぞ
pl. die Rätsel

032 旅行・観光・宿泊

planen
[plá:nən]
プラーネン

動 (～⁴ を)計画する，予定する

---

vor|haben*
[fó:ɐ̆ha:bən]
フォーアハーベン

動 (～⁴ を)予定する，
計画する

du hast...vor
er hat...vor

〔hatte...vor - vorgehabt〕

---

ein|packen
[áinpakən]
アインパッケン

動 (～⁴ をトランクなどに)詰める

---

ab|reisen
[ápraizən]
アップライゼン

動 旅立つ

(s)

Wo findet die nächste Winterolympiade statt?

次の冬季オリンピックはどこで開催されますか。

Unsere Mannschaft hat den Wettkampf gewonnen.

私たちのチームは試合に勝利しました。

Das Pferd rennt am schnellsten.

その馬が一番速く走ります。

Wo kann man reiten lernen?

どこで乗馬を習えますか。

Er angelt jeden Tag.

彼は毎日釣りをします。

Dieses Rätsel ist schwierig.

このなぞなぞはむずかしいです。

Sie plant eine Reise.

彼女は旅行を予定しています。

Haben Sie eine Reise nach Japan vor?

日本への旅行を予定しているのですか。

Ich muss noch meinen Pullover einpacken.

私はまだセーターを詰めなければなりません。

Wir reisen morgen nach London ab.

私たちは明日ロンドンへ旅立ちます。

der **Aufenthalt**
[áuf|enthalt]
アオフエントハルト

男 滞在，停車
pl. die Aufenthalte

das **Visum**
[víːzʊm]
ヴィーズム

中 ビザ
pl. die Visa

die **Sehenswürdigkeit**
[zéːənsvʏrdɪçkait]
ゼーエンスヴュルディヒカイト

女 名所
pl. die Sehenswürdigkeiten

der **Stadtplan**
[ʃtátplaːn]
シュタットプラーン

男 市街地図
pl. die Stadtpläne

der **Eintritt**
[áintrɪt]
アイントリット

男 入場，入場料
pl. die Eintritte

die **Spezialität**
[ʃpetsǐalitéːt]
シュペツィアリテート

女 特産品
pl. die Spezialitäten

das **Souvenir**
[zuvəníːɐ]
ズヴェニーア

中 （旅行の）土産
pl. die Souvenirs

die **Aussicht**
[áuszɪçt]
アオスズィヒト

女 見晴らし，見込み
pl. die Aussichten

der **Blick**
[blɪk]
ブリック

男 見晴らし，視線
pl. die Blicke

der **Anblick**
[ánblɪk]
アンブリック

男 眺め，光景
pl. die Anblicke

die **Unterkunft**
[ɔ́ntɐkʊnft]
ウンタークンフト

女 宿，宿泊
pl. die Unterkünfte

Während meines Aufenthalts in Deutschland habe ich keinen Reis gegessen.

ドイツ滞在中，私はお米を食べませんでした。

Ohne ein Visum darf man hier nur drei Monate bleiben.

ビザなしではここに３カ月しか滞在できません。

In Berlin gibt es viele Sehenswürdigkeiten.

ベルリンにはたくさんの名所があります。

Ich hätte gern einen Stadtplan.

市街地図をいただきたいのですが。

Der Eintritt kostet drei Euro pro Person.

入場料は一人３ユーロです。

Das ist eine Hamburger Spezialität.

これはハンブルクの特産品です。

Er hat ein Stück der Berliner Mauer als Souvenir gekauft.

彼はベルリンの壁のかけらを旅の土産に買いました。

Von diesem Turm hat man eine schöne Aussicht auf die Stadt.

この塔の上からは町を見晴らすすばらしい眺めが広がります。

Der Blick von hier ist sehr schön.

ここからの見晴らしはとても美しいです。

Das ist ein herrlicher Anblick.

これはすばらしい眺めです。

Ich habe eine billige Unterkunft gefunden.

私は安宿を見つけました。

übernachten
[y:bɐnáxtən]
ユーバーナハテン

動 泊まる

das **Verkehrsmittel**
[fɛɐ̆ké:ɐ̆smɪtəl]
フェアケーアスミッテル

中 交通機関
pl. die Verkehrsmittel

der/die **Passagier/-in**
[pasaʒí:ɐ̆]
パサジーア

男 女 （鉄道・船・飛行機などの）乗客
pl. die Passagiere/Passagierinnen

der/die **Fußgänger/-in**
[fú:sgɛŋɐ]
フースゲンガー

男 女 歩行者
pl. die Fußgänger/-innen

die **Abfahrt**
[ápfa:rt]
アップファールト

女 出発
pl. die Abfahrten

die **Ankunft**
[ánkʊnft]
アンクンフト

女 到着
pl. die Ankünfte

das **Ziel**
[tsi:l]
ツィール

中 目的地，目標
pl. die Ziele

ab|fliegen
[ápfli:gən]
アップフリーゲン

動 離陸する

(s) 〔flog...ab - abgeflogen〕

landen
[lándən]
ランデン

動 着陸する

(s)

los|gehen
[ló:sge:ən]
ロースゲーエン

動 出発する，（催しものなどが）始まる

(s) 〔ging...los - losgegangen〕

Viele Gäste übernachten in diesem Hotel.	多くの客がこのホテルに宿泊します。
Bitte benutzen Sie die öffentlichen Verkehrsmittel.	公共交通機関を利用してください。
Viele Passagiere steigen in München aus.	多くの乗客がミュンヘンで下車します。
Fußgänger müssen auf die Autos aufpassen.	歩行者は車に気をつけなければなりません。
Die Abfahrtszeit ist 18.16 Uhr.	出発時刻は 18 時 16 分です。
Ich warte auf seine Ankunft.	私は彼の到着を待っています。
Wir sind schon am Ziel.	私たちはもう目的地に着いています。
Heute Morgen sind meine Eltern nach Rom abgeflogen.	今朝，私の両親はローマへと飛び立ちました。
Um wie viel Uhr landet die Maschine in Mailand?	この飛行機は何時にミラノに着陸しますか。
Gehen wir dann in drei Stunden los!	では 3 時間後に出発しましょう！
Jetzt geht's los!	さあ始まるよ！

an|halten * [ánhaltən] アンハルテン	🚗 止まる， （～⁴を）止める du hältst...an er hält...an 〔hielt...an - angehalten〕
erreichen [ɛ̆ɐ̆ráiçən] エアライヒェン	🚗 （～⁴に）到達する，（～⁴に）連絡 がとれる
gelangen [gəláŋən] ゲランゲン	🚗 （～に）到達する （s）
die **Rückfahrt** [rýkfaːrt] リュックファールト	女 （乗り物での）帰路 ⇔ Hinfahrt *pl.* die Rückfahrten
die **Ampel** [ámpəl] アンペル	女 信号機 *pl.* die Ampeln
die **Tankstelle** [táŋkʃtɛlə] タンクシュテレ	女 ガソリンスタンド *pl.* die Tankstellen
das **Benzin** [bɛntsíːn] ベンツィーン	中 ガソリン
der **Stau** [ʃtau] シュタオ	男 渋滞 *pl.* die Staus
die **Geschwindigkeit** [gəʃvíndɪçkait] ゲシュヴィンディヒカイト	女 速度 *pl.* die Geschwindigkeiten
die **Strecke** [ʃtrékə] シュトレッケ	女 道のり，（鉄道などの）区間 *pl.* die Strecken
der **Umweg** [ómveːk] ウムヴェーク	男 回り道 *pl.* die Umwege

Ein BMW hielt vor meinem Haus an.	1台のBMWが私の家の前に止まりました。
Bald erreichen wir München.	まもなく私たちはミュンヘンに到着します。
Endlich bin ich nach Hause gelangt.	ようやく私は自宅に着きました。
Die Hin-und Rückfahrt kostet 90 Euro.	往復で90ユーロです。
Die Ampel ist noch rot!	信号はまだ赤です！
Wo ist die nächste Tankstelle?	一番近いガソリンスタンドはどこですか。
Dein Wagen braucht weniger Benzin als meiner.	君の車は私のよりガソリン消費が少ない。
Wegen eines Staus komme ich zu spät.	渋滞のため私は遅刻します。
Das Auto fährt mit einer Geschwindigkeit von 80 Kilometern pro Stunde.	その車は時速80キロで走行しています。
Der Zug fährt die Strecke München-Augsburg.	その列車はミュンヘン・アウクスブルク間を走ります。
Wir müssen einen Umweg machen.	私たちは回り道をしなければなりません。

die **Verbindung** [fɛɐ̯bíndʊŋ] フェアビンドゥング	女 結びつき，(交通の)連絡 *pl.* die Verbindungen
verbinden [fɛɐ̯bíndən] フェアビンデン	動 (〜⁴ を mit 〜³ と) 結ぶ 〔verband - verbunden〕
der **Anschluss** [ánʃlʊs] アンシュルス	男 接続(便) *pl.* die Anschlüsse
die **Zone** [tsó:nə] ツォーネ	女 地帯，料金区域 *pl.* die Zonen
der **Schalter** [ʃáltɐ] シャルター	男 窓口，スイッチ *pl.* die Schalter

🎧 **移動**

034 | **folgen**
[fɔ́lgən]
フォルゲン | 動 (〜³ に) ついて行く

(s) |
|---|---|
| **überqueren**
[y:bɐkvé:rən]
ユーバークヴェーレン | 動 (〜⁴ を) 横切る |
| **quer**
[kve:ɐ̯]
クヴェーア | 副 横に，横切って |
| **unterwegs**
[ʊntɐvé:ks]
ウンターヴェークス | 副 (旅・外出の) 途中で |
| **vorbei‖kommen**
[fo(:)ɐ̯báikɔmən]
フォ(ー)アバイコメン | 動 通りかかる，(bei 〜³ のところに) 立ち寄る

(s) 〔kam...vorbei - vorbeigekommen〕 |

Von hier gibt es keine direkte **Verbindung** nach Frankfurt am Main.	ここからフランクフルト・アム・マイン行きの直通列車はありません。
Die Fähre **verbindet** Deutschland mit Dänemark.	そのフェリーはドイツとデンマークを結んでいます。
Dieser Zug hat in Hannover **Anschluss** nach Berlin.	この列車はハノーファーでベルリン行きへの接続があります。
Die Haltestellen gehören zu dieser **Zone**.	それらの停留所はこの料金区域に属しています。
Man kann Fahrkarten nicht nur am **Schalter**, sondern auch am Automaten kaufen.	切符は窓口だけでなく自動販売機でも買えます。
Wo ist an dieser Lampe der **Schalter**?	このランプのスイッチはどこですか。
Die Touristen **folgen** einem Reiseleiter.	観光客たちは旅行ガイドについて行きます。
Viele Leute **überqueren** die Straße.	多くの人たちが通りを横切ります。
Die Kinder gehen **quer** über die Kreuzung.	子どもたちは交差点を横断します。
Ich bin noch **unterwegs** nach Hamburg.	私はまだハンブルクに向かっている途中です。
Ich will später bei dir **vorbeikommen**.	私はあとで君のところに立ち寄るつもりだよ。

weg|gehen
[vékge:ən]
ヴェックゲーエン

動 立ち去る

(s) 〔ging...weg - weggegangen〕

fort
[fɔrt]
フォルト

副 去って

verlassen*
[fɛɐ̆lásən]
フェアラッセン

動 (場所など⁴を) 去る, (人⁴のもとを) 離れる   a→ä

〔verließ - verlassen〕

🎧 建造物・空間など

035 die **Halle**
[hálə]
ハレ

女 ホール (建物), ロビー
pl. die Hallen

der **Saal**
[za:l]
ザール

男 (建物内の) ホール
pl. die Säle

die **Garderobe**
[gardəró:bə]
ガルデローベ

女 クローク
pl. die Garderoben

das **Denkmal**
[déŋkma:l]
デンクマール

中 記念碑
pl. die Denkmäler

der **Brunnen**
[brónən]
ブルネン

男 噴水
pl. die Brunnen

das **Grab**
[gra:p]
グラープ

中 墓
pl. die Gräber

die **Glocke**
[glɔ́kə]
グロッケ

女 鐘
pl. die Glocken

die **Mauer**
[máuɐ]
マオアー

女 壁
pl. die Mauern

Er ist weggegangen, ohne etwas zu sagen.	彼は何も言わずに立ち去りました。
Die Gäste sind alle fort.	お客さんたちはみな帰りました。
Etwa vor zwei Stunden hat er das Haus verlassen.	約2時間前に彼は家を出ました。
In dieser Halle findet morgen ein Konzert statt.	このホールで明日コンサートが行われます。
In diesem Gebäude gibt es einige Säle.	この建物内にはいくつかのホールがあります。
Links ist die Garderobe.	左にクロークがあります。
Das Goethe-Schiller-Denkmal steht in Weimar.	ゲーテ・シラー記念碑はヴァイマルにあります。
Treffen wir uns am Brunnen?	噴水で待ち合わせしましょうか。
Wir besuchen heute das Grab unserer Großmutter.	私たちは今日，祖母の墓参りをします。
Diese Glocke ist schon über 500 Jahre alt.	この鐘は 500 年以上も前のものです。
Die Berliner Mauer ist 1989 gefallen.	ベルリンの壁は 1989 年に崩壊しました。

| das **Loch** [lɔx] ロッホ | 中 穴 |
| | **pl.** die Löcher |

| die **Allee** [alé:] アレー | 女 並木道 |
| | **pl.** die Alleen |

pl. はアレーエン [alé:ən] と発音。

| die **Gasse** [gásə] ガッセ | 女 路地 |
| | **pl.** die Gassen |

| das **Gebiet** [gəbí:t] ゲビート | 中 地域，(専門)分野 |
| | **pl.** die Gebiete |

| der **Bereich** [bəráiç] ベライヒ | 男 区域，(専門)分野 |
| | **pl.** die Bereiche |

🎧 **動物**

036
| der **Löwe** [lǿ:və] レーヴェ | 男 ライオン |
| | **pl.** die Löwen |

| der **Wolf** [vɔlf] ヴォルフ | 男 オオカミ |
| | **pl.** die Wölfe |

| der **Affe** [áfə] アッフェ | 男 サル |
| | **pl.** die Affen |

| der **Elefant** [elefánt] エレファント | 男 ゾウ |
| | **pl.** die Elefanten |

| der **Hase** [há:zə] ハーゼ | 男 野ウサギ |
| | **pl.** die Hasen |

Der Pullover hat ein Loch.

そのセーターには穴があいています。

Diese Allee ist im Herbst am schönsten.

この並木道は秋が最も美しいです。

Kinder spielen auf der Gasse.

子どもたちが路地で遊んでいます。

In diesem Gebiet gibt es viele Fabriken.

この地域には工場がたくさんあります。

Er ist ein Spezialist auf diesem Gebiet.

彼はこの分野の専門家です。

Eintritt in diesen Bereich ist verboten.

この区域への立ち入りは禁止されています。

Das ist nicht mein Bereich.

これは私の専門分野ではありません。

Der Löwe im Zoo spielt gern mit einem Ball.

動物園にいるそのライオンはボールで遊ぶのが好きです。

„Der Wolf und die sieben Geißlein" ist ein bekanntes Märchen.

『オオカミと7匹の子ヤギ』は有名な童話です。

Zwei Affen schlafen nebeneinander.

2匹のサルが並んで寝ています。

In diesem Zoo leben drei Elefanten.

この動物園には3匹のゾウが暮らしています。

Im diesem Wald gibt es viele Hasen.

この森にはたくさんの野ウサギがいます。

die **Schlange**
[ʃláŋə]
シュランゲ

女 蛇，行列
pl. die Schlangen

Schlange stehen：
並んで待つ

das **Huhn**
[huːn]
フーン

中 ニワトリ
pl. die Hühner

das **Vieh**
[fiː]
フィー

中 家畜

fressen＊
[frésən]
フレッセン

動 (動物が～⁴ を) 食べる

〔fraß － gefressen〕

e → i

die **Tiere** 動物

der **Affe**

der **Hase**

der **Elefant**

der **Löwe**

der **Bär**

96

Im Garten habe ich eine weiße Schlange gesehen.

庭で私は白い蛇を見ました。

Sieh mal die lange Schlange dort!

ねえあそこの長い行列を見て！

Wir halten Hühner.

私たちはニワトリを飼っています。

Meine Großeltern halten Vieh.

私の祖父母は家畜を飼っています。

Die Affen fressen gern Bananen.

サルたちはバナナを食べるのが好きです。

KOLUMNE

男性弱変化名詞

　名詞の性をおぼえるのはなかなか大変な作業ですが，慣れてくるとある程度予測できる場合があります。e で終わる単語は女性名詞である可能性が高いというのは暗記の際にかなり助けになっていると思います。

　さて Affe（サル）や Hase（野ウサギ）そして Löwe（ライオン）は e で終わっていますが，これらは男性名詞です。e で終わるのに男性名詞，という場合は注意が必要です。男性弱変化名詞といって単数1格以外，すべて語尾 n がつきます。また，Bär（クマ）や Elefant（ゾウ）は e で終わっていませんがこれらも男性弱変化名詞です。e で終わっていない単語の場合，単数1格以外に語尾 en がつきます。

　職業を表す単語にも男性弱変化名詞が多くあります。Student（学生），Assistent（秘書），Polizist（警察官），Journalist（ジャーナリスト）など。このように -ist や -ent などで終わっている単語（アクセントが末節にある男性名詞の外来語）は男性弱変化名詞と考えてよいでしょう。

　Ich kenne den Studenten. という文があった場合，名詞だけ見ると複数形に見えますが，もし複数なら die Studenten になるはずです。このように単数2〜4格と複数形がまったく同じ形になるので，冠詞や定動詞にも注意し単数か複数か判断することが重要です。

　そのほかの男性弱変化名詞：Christ．Junge．Kollege．Komponist．Mensch．Patient．Philosoph．Pilot．Prinz．Soldat．Tourist など。

植物

der **Zweig**
[tsvaik]
ツヴァイク

男 枝
pl. die Zweige

blühen
[blýːən]
ブリューエン

動 (花が)咲いている

地形

die **Wiese**
[víːzə]
ヴィーゼ

女 草地
pl. die Wiesen

der **Hügel**
[hýːgəl]
ヒューゲル

男 丘
pl. die Hügel

der **Strand**
[ʃtrant]
シュトラント

男 浜
pl. die Strände

die **Küste**
[kýstə]
キュステ

女 海岸
pl. die Küsten

das **Ufer**
[úːfɐ]
ウーファー

中 岸
pl. die Ufer

die **Quelle**
[kvélə]
クヴェレ

女 泉, 出典
pl. die Quellen

039

気象・天体

das **Klima**
[klíːma]
クリーマ

中 気候

der **Nebel**
[néːbəl]
ネーベル

男 霧

der **Donner**
[dónɐ]
ドナー

男 雷

Ein Vogel sitzt auf dem Zweig. 一羽の鳥が枝にとまっています。

Auf der Wiese blühen viele Blumen. 草原にはたくさんの花が咲いています。

Wir liegen auf der Wiese. 私たちは草地に寝転んでいます。

Die Universität liegt auf dem Hügel. その大学は丘の上にあります。

Ein Paar liegt am Strand. ひと組のカップルが浜辺で寝そべっています。

Fahren wir entlang der Küste. 海岸に沿って行きましょう。

Wir schwimmen ans andere Ufer. 私たちは対岸まで泳ぎます。

In Japan gibt es viele heiße Quellen. 日本には温泉がたくさんあります。

Hokkaido hat ein ähnliches Klima wie Deutschland. 北海道はドイツと気候が似ています。

Bei Nebel soll man langsam fahren. 霧の時はゆっくり運転しなければいけません。

Der plötzliche Donner hat die Kinder überrascht. 突然の雷は子どもたちを驚かせました。

das **Gewitter** [gəvítɐ] ゲヴィッター	中 雷雨 **pl.** die Gewitter
der **Sturm** [ʃtʊrm] シュトゥルム	男 嵐 **pl.** die Stürme
der **Taifun** [taifúːn] タイフーン	男 台風 **pl.** die Taifune
der **Wetterbericht** [vétɐbərɪçt] ヴェッターベリヒト	男 天気予報 **pl.** die Wetterberichte
die **Hitze** [hítsə] ヒッツェ	女 暑さ
die **Kälte** [kéltə] ケルテ	女 寒さ
sonnig [zɔ́nɪç] ゾンニヒ	形 よく晴れた
wolkig [vɔ́lkɪç] ヴォルキヒ	形 曇った
bewölkt [bəvœ́lkt] ベヴェルクト	形 曇っている sich bewölken「雲で覆われる」の過去分詞。
wehen [véːən] ヴェーエン	動 (風が)吹く
windig [víndɪç] ヴィンディヒ	形 風のある

In dieser Gegend kommt fast jeden Abend ein Gewitter.

この地域ではほぼ毎夕雷雨があります。

Morgen kommt der Sturm.

明日嵐が来ます。

Der Taifun kommt näher.

台風が近づいています。

Was sagt der Wetterbericht?

天気予報は何と言っていますか。

Diese große Hitze macht mich müde.

この酷暑は私を疲れさせます。

Die Katzen zittern vor Kälte.

猫たちは寒さで震えています。

Es ist sonnig.

よく晴れています。

Morgen wird es wolkig.

明日は曇りでしょう。

Der Himmel ist bewölkt.

空は曇っています。

Der Wind weht vom Meer zum Land.

風は海から陸に向かって吹いています。

Wegen des Taifuns ist es sehr windig.

台風のせいで風がとても強いです。

das **Wetter** 天気

die **Sonne** 太陽

der **Schnee** 雪

die **Wolke** 雲

sonnig よく晴れた

Die **Sonne scheint.**
太陽が輝く。

Es schneit. 雪が降る。

wolkig/bewölkt
曇った／曇っている

der **Nebel** 霧

die **Hitze**
暑さ

die **Kälte**
寒さ

die **Landschaft** 風景

das **Flugzeug** 飛行機

die **Insel**
島

die **Küste** 海岸

der **Strand** 浜

der **Hügel**
丘

das **Meer** 海

die **Wiese** 草地

der **Stein** 石

das **Ufer** 岸

der **Donner** 雷

der **Regen** 雨

der **Wind** 風

der **Blitz** いなづま

windig 風のある

Es regnet. 雨が降る。

Der Wind weht. 風が吹く。

das **Gewitter** 雷雨

der **Sturm** 嵐

der **Taifun** 台風

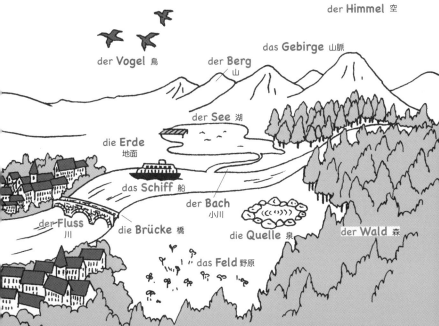

der **Himmel** 空

das **Gebirge** 山脈

der **Vogel** 鳥

der **Berg** 山

der **See** 湖

die **Erde** 地面

das **Schiff** 船

der **Bach** 小川

der **Fluss** 川

die **Brücke** 橋

die **Quelle** 泉

der **Wald** 森

das **Feld** 野原

der **Weltraum** [véltraum] ヴェルトラオム	男 宇宙 (空間)

auf|gehen [áufgeːən] アオフゲーエン	動 (太陽などが)のぼる (s) [ging...auf - aufgegangen]
unter|gehen [óntɐgeːən] ウンターゲーエン	動 (太陽などが)沈む (s) [ging...unter - untergegangen]
sinken [zíŋkən] ズィンケン	動 沈む (s) [sank - gesunken]
brennen [brénən] ブレネン	動 燃える [brannte - gebrannt]
fließen [flíːsən] フリーセン	動 流れる (s) [floss - geflossen]
entstehen [ɛntʃtéːən] エントシュテーエン	動 生じる (s) [entstand - entstanden]
sich entwickeln [zɪç ɛntvíkəln] ズィヒ エントヴィッケルン	動 発展する, 成長する
verschwinden [fɛɐ̯ʃvíndən] フェアシュヴィンデン	動 見えなくなる, 消える (s) [verschwand - verschwunden]
aus|fallen* [áusfalən] アオスファレン	動 抜ける, 中止になる du fällst...aus er fällt...aus (s) [fiel...aus - ausgefallen]

104

Ich möchte irgendwann in den Weltraum reisen.	私はいつか宇宙へ旅したいです。
Bald geht die Sonne auf.	まもなく太陽がのぼります。
Die Sonne ist schon untergegangen.	太陽はもう沈みました。
Heute sinkt die Temperatur.	今日は気温が下がります。
Die Kerzen brennen.	ろうそくがともっています。
Der Rhein fließt durch 6 Länder.	ライン川は6カ国を貫いて流れています。
Das berühmte Lied entstand 1777.	その有名な歌は1777年に生まれました。
Mein Sohn entwickelt sich gut.	私の息子はすくすく成長しています。
Meine Brille ist verschwunden!	私のメガネがなくなってしまいました！
Mir ist ein Zahn ausgefallen.	歯が一本抜けました。
Wegen der Hitze ist die Schule ausgefallen.	暑さのため休校になりました。

zu|nehmen*
[tsú:ne:mən]
ツーネーメン

動 増える，太る

du nimmst...zu
er nimmt...zu

〔nahm...zu - zugenommen〕

ab|nehmen*
[ápne:mən]
アップネーメン

動 減る，やせる

du nimmst...ab
er nimmt...ab

〔nahm...ab - abgenommen〕

klingeln
[klíŋəln]
クリンゲルン

動 （ベルなどが）鳴る

der **Schein**
[ʃain]
シャイン

男 光，証明書

der **Schatten**
[ʃátən]
シャッテン

男 影
pl. die Schatten

die **Spur**
[ʃpu:ɐ̆]
シュプーア

女 足跡
pl. die Spuren

🎧 **時**
041 **vorgestern**
[fó:ɐ̆gestɐn]
フォーアゲスターン

副 おととい

(der/das) **Silvester**
[zɪlvéstɐ]
ズィルヴェスター

男 中 大みそか

das **Jahrhundert**
[ja:rhóndɐt]
ヤールフンデルト

中 世紀
pl. die Jahrhunderte

das **Datum**
[dá:tʊm]
ダートゥム

中 日付，【複数で】データ
pl. die Daten

Mein Mann hat 5 Kilo zugenommen.　私の夫は5キロ太りました。

Ich habe drei Kilo abgenommen.　私は3キロやせました。

Der Wecker klingelt.　目覚まし時計が鳴っています。

Der Mondschein fällt ins Zimmer.　月明かりが部屋にさし込んでいます。

Ich möchte im Schatten sitzen.　私は日陰に座りたいです。

Im Schnee sieht man die Spuren von Hasen.　雪の中に野ウサギの足跡が見えます。

Seit vorgestern habe ich Magenschmerzen.　おとといから私は胃が痛いです。

Wie feiert man in Deutschland Silvester?　ドイツでは大みそかをどのように祝うのですか。

Im 20. Jahrhundert hat die Technik große Fortschritte gemacht.　20世紀，技術は大きく進歩しました。

Ich habe vergessen, das Datum zu schreiben.　私は日付を書くのを忘れました。

der **Augenblick**
[áugənblɪk]
アオゲンブリック

男 瞬間
pl. die Augenblicke

die **Gegenwart**
[gé:gənvart]
ゲーゲンヴァルト

女 現在

die **Vergangenheit**
[fɛɐ̯gáŋənhait]
フェアガンゲンハイト

女 過去

vergehen
[fɛɐ̯gé:ən]
フェアゲーエン

動 (時間が)過ぎ去る

(s) 〔verging - vergangen〕

🎧 **終わり**

042 der **Schluss**
[ʃlʊs]
シュルス

男 終わり

der **Abschluss**
[ápʃlʊs]
アップシュルス

男 終了，完了
pl. die Abschlüsse

zum Abschluss:
最後に

auf|hören
[áufhø:rən]
アオフヘーレン

動 やむ，やめる

beenden
[bəéndən]
ベエンデン

動 (〜⁴を)終える

🎧 **タイミング**

043 die **Chance**
[ʃá:sə]
シャーンセ

女 チャンス
pl. die Chancen

die **Gelegenheit**
[gəlé:gənhait]
ゲレーゲンハイト

女 機会
pl. die Gelegenheiten

108

Einen Augenblick, bitte!

少々お待ちください。

Das Thema der Ausstellung ist „Universitäten in der Vergangenheit, Gegenwart und Zukunft".

その展示のテーマは「大学の現在・過去・未来」です。

Die Vergangenheit kann man nicht ändern.

過去を変えることはできません。

Schon drei Stunden sind vergangen.

すでに 3 時間が過ぎました。

Schluss für heute!

今日はこれで終わりです。

Letztes Jahr hat sie ihren Abschluss gemacht.

昨年彼女は卒業しました。

(所有冠詞) Abschluss machen：卒業する

Der Regen hat schon längst aufgehört.

雨はとっくにやみました。

Endlich hat das Ehepaar den Streit beendet.

ようやくその夫婦は争いをやめました。

Geben Sie mir bitte eine Chance.

私にチャンスを与えてください。

Sie sollten diese Gelegenheit nützen.

この機会を利用した方いいですよ。

der **Zufall**	男 偶然
[tsúːfal]	*pl.* die Zufälle
ツーファル	

zufällig	形 偶然の
[tsúːfɛlɪç]	
ツーフェリヒ	

plötzlich	形 突然の
[plœ́tslɪç]	
プレッツリヒ	

verpassen	動 (機会など⁴ を) 逃す, (列車な
[fɛɐ̆pásən]	ど⁴ に) 乗り遅れる
フェアパッセン	

versäumen	動 (機会など⁴ を) 逃す, (定刻な
[fɛɐ̆zɔ́ymən]	ど⁴ に) 遅れる
フェアゾイメン	

rechtzeitig	形 ちょうどよいときの, 時間に遅
[réçtsaitɪç]	れない
レヒトツァイティヒ	

die **Gesellschaft**	女 社会, 団体, 会社
[gəzélʃaft]	*pl.* die Gesellschaften
ゲゼルシャフト	

sozial	形 社会の
[zotsǐáːl]	
ゾツィアール	

die **Sitte**	女 風習
[zítə]	*pl.* die Sitten
ズィッテ	

die **Tradition**	女 伝統
[traditsǐóːn]	*pl.* die Traditionen
トラディツィオーン	

die **Organisation**	女 組織, 団体
[ɔrganizatsǐóːn]	*pl.* die Organisationen
オルガニザツィオーン	

So ein Zufall, dass wir euch hier treffen!

ここで君たちに会うとは何という偶然なのだろう！

Ich habe ihn zufällig getroffen.

私は彼に偶然会いました。

Plötzlich hat es angefangen zu regnen.

突然雨が降り出しました。

Wir haben den Zug verpasst.

私たちは電車に乗り遅れました。

Ich habe den Termin versäumt.

私は約束に遅れました。

Du bist heute rechtzeitig gekommen!

今日は遅れずに来たね！

In dieser Gesellschaft kann man ein glückliches Leben führen.

この社会では幸福な生活を送ることができます。

Er redet von den sozialen Problemen Japans.

彼は日本の社会問題について話しています。

Andere Länder, andere Sitten.

所変われば品変わる（ことわざ）。

Die Universität hat eine lange Tradition.

その大学には長い伝統があります。

Ich gehöre zu dieser Organisation.

私はこの団体の一員です。

organisieren
[ɔrganizíːrən]
オルガニズィーレン

🎬 (～⁴ を)組織する，(催しものな ど⁴ を)準備実行する

der Verein
[fɛɐ̯áin]
フェアアイン

男 協会，(組織としての)会
pl. die Vereine

gründen
[grýndən]
グリュンデン

🎬 (～⁴ を)設立する

das Unternehmen
[ʊntɐnéːmən]
ウンターネーメン

中 企業，企て
pl. die Unternehmen

der Betrieb
[bətríːp]
ベトリープ

男 企業，操業
pl. die Betriebe

betreiben
[bətráibən]
ベトライベン

🎬 (～⁴ を職業として)営む

〔betrieb － betrieben〕

die Feuerwehr
[fɔ́yɐveːɐ̯]
フォイアーヴェーア

女 消防隊
pl. die Feuerwehren

das System
[zʏstéːm]
ジュステーム

中 システム，制度
pl. die Systeme

🎧 職場

046 die **Abteilung**
[aptáilʊŋ]
アップタイルング

女 (会社などの)局，部，(大学など の)科
pl. die Abteilungen

der/die Direktor/Direktorin
[diréktoːɐ̯] [direktóːrɪn]
ディレクトーア　ディレクトーリン

男 女 (公的機関の)長
pl. die Direktoren/Direktorinnen

Er hat diese Party organisiert.　　　　彼はこのパーティーを準備しました。

Der Verein wurde 1960 gegründet.　　その協会は 1960 年に設立されました。

Die Firma wurde vor 200 Jahren gegründet.　　その会社は 200 年前に設立されました。

Er arbeitet in einem großen Unternehmen.　　彼は大企業で働いています。

Im Ruhrgebiet gibt es viele Betriebe.　　ルール地方には多くの企業があります。

Der Aufzug ist außer Betrieb.　　そのエレベーターは運休しています。

außer Betrieb sein：運休中である，in Betrieb sein：作動中である

Er betreibt ein Restaurant.　　彼はレストランを経営しています。

Die Feuerwehr hat schnell gelöscht.　　消防隊はすばやく消火しました。

löschen：消火する

Das deutsche Schulsystem ist schwer zu verstehen.　　ドイツの学校制度は理解するのが難しいです。

In welcher Abteilung arbeiten Sie?　　どの部署で働いているのですか。

Der Schuldirektor redet immer lange.　　その校長先生はいつも長々と話します。

der/die **Leiter/-in**
[láitɐ]
ライター

男 女 指導者，リーダー
pl. die Leiter/-innen

der/die **Sekretär/-in**
[zekretéːɐ̆]
ゼクレテーア

男 女 秘書
pl. die Sekretäre/Sekretärinnen

der/die **Assistent/-in**
[asɪstént]
アスィステント

男 女 助手
pl. die Assistenten/Assistentinnen

der/die **Mitarbeiter/-in**
[mítǀarbaitɐ]
ミットアルバイター

男 女 従業員，仕事仲間
pl. die Mitarbeiter/-innen

das **Mitglied**
[mítgliːt]
ミットグリート

中 構成員，メンバー
pl. die Mitglieder

das **Personal**
[pɛrzonáːl]
ペルゾナール

中 従業員，職員

die **Sitzung**
[zítsʊŋ]
ズィッツング

女 会議
pl. die Sitzungen

die **Versammlung**
[fɛɐ̆zámlʊŋ]
フェアザムルング

女 集会，会議
pl. die Versammlungen

🎧 （労働）

047 der **Dienst**
[diːnst]
ディーンスト

男 勤務
pl. die Dienste

berufstätig
[bərúːfstɛːtɪç]
ベルーフステーティヒ

形 職についている

tätig
[téːtɪç]
テーティヒ

形 勤めている，仕事をしている

114

Er ist der Leiter dieser Gruppe.

彼はこのグループのリーダーです。

Der Sekretär ist tüchtig.

その秘書は有能です。

Er sucht einen neuen Assistenten.

彼は新しい助手を探しています。

> Assistent は男性弱変化名詞で単数1格以外は -en。

Die Firma hat mehr als 100 Mitarbeiter.

その会社は従業員が100名以上います。

Deutschland ist Mitglied der EU.

ドイツはEU加盟国です。

Das Personal hier ist sehr freundlich.

ここの従業員はとても親切です。

Bald fängt die Sitzung an.

まもなく会議が始まります。

Heute findet eine politische Versammlung statt.

今日政治集会が開催されます。

Morgen habe ich keinen Dienst.

明日私は勤務がありません。

Meine Frau ist berufstätig.

私の妻は職についています。

Er ist in einer Schule tätig.

彼は学校に勤めています。

arbeitslos
[árbaitslo:s]
アルバイツロース

㊙ 失業している

---

beruflich
[bərú:flɪç]
ベルーフリヒ

㊙ 職業上の

---

sich beschäftigen
[zɪç bəʃéftɪgən]
ズィヒ ベシェフティゲン

㊙ 従事している, (mit ～³ に)取り組んでいる

048

〔業務・能力〕

der Auftrag
[áuftra:k]
アオフトラーク

男 依頼, 委任, (商品などの)注文
pl. die Aufträge

---

vertreten*
[feɐ̯tré:tən]
フェアトレーテン

㊙ (～⁴ の)代理をする

〔vertrat - vertreten〕

du vertrittst
er vertritt

---

das Projekt
[projékt]
プロイェクト

中 企画, プロジェクト
pl. die Projekte

---

der Versuch
[feɐ̯zú:x]
フェアズーフ

男 試み
pl. die Versuche

---

die Pflicht
[pflɪçt]
プフリヒト

女 義務
pl. die Pflichten

---

die Verantwortung
[feɐ̯ántvɔrtʊŋ]
フェアアントヴォルトゥング

女 責任
pl. die Verantwortungen

---

verantwortlich
[feɐ̯ántvɔrtlɪç]
フェアアントヴォルトリヒ

㊙ 責任のある

Seit zwei Jahren ist er arbeitslos.　2年前から彼は失業しています。

Was machen Sie beruflich?　ご職業は何ですか。

Wir beschäftigen uns mit einem wichtigen Projekt.　私たちは重要なプロジェクトに従事しています。

Ich komme im Auftrag von Frau Schmidt.　私はシュミットさんの委任で来ています。

im Auftrag von ~ ³：〜の委任により

Diese Firma hat viele Aufträge bekommen.　この会社はたくさんの注文を受けました。

Ab morgen vertritt er seinen Chef.　明日から彼はチーフの代理を務めます。

Was für ein Projekt planen Sie?　どんなプロジェクトを計画しているのですか。

Das ist ein ganz neuer Versuch in diesem Bereich.　それはこの分野においてまったく新しい試みです。

Du musst deine Pflicht tun.　君は君の義務を果たさなければならない。

Ich habe die Verantwortung für diese Arbeit.　私はこの仕事に責任があります。

Dafür seid ihr verantwortlich.　それについては君たちに責任がある。

für ~ ⁴ verantwortlich sein：〜に対して責任がある

die **Lösung** [lǿːzʊŋ] レーズング	囡 解決，解答 *pl.* die Lösungen
lösen [lǿːzən] レーゼン	動 (〜⁴を)解決する，(問題など⁴を)解く
erledigen [ɛ̆léːdɪgən] エアレーディゲン	動 (仕事など⁴を)片づける
die **Mühe** [mýːə] ミューエ	囡 苦労 *pl.* die Mühen
sich bemühen [zɪç　bəmýːən] ズィヒ　ベミューエン	動 努力する

sich um 〜⁴ bemühen：〜を得ようと努力する，〜の面倒を見る

die **Fähigkeit** [féːɪçkait] フェーイヒカイト	囡 能力，才能 *pl.* die Fähigkeiten
tüchtig [týçtɪç] トュヒティヒ	形 有能な
beherrschen [bəhérʃən] ベヘルシェン	動 (〜⁴を)支配する，マスターしている

🎧 **待遇・報酬**
049

die **Bedingung** [bədíŋʊŋ] ベディングング	囡 条件 *pl.* die Bedingungen
der **Vertrag** [fɛ̆tráːk] フェアトラーク	男 契約 *pl.* die Verträge
verdienen [fɛ̆díːnən] フェアディーネン	動 (〜⁴を)稼ぐ

Ich habe eine Lösung gefunden.
私は解決策を見つけました。

Dieses Problem ist schwer zu lösen.
この問題は解決するのが難しいです。

Ich muss noch meine Arbeit erledigen.
私はまだ私の仕事を片づけなければなりません。

Er hat diese Arbeit ohne Mühe erledigt.
彼はこの仕事を苦もなく片づけました。

Ich habe mich bemüht, meine Kollegen zu überzeugen.
私は同僚たちを納得させようと努力しました。

Ich habe keine Fähigkeit, andere zu überzeugen.
私には他人を納得させる能力がありません。

Meine Assistentin ist tüchtig.
私の助手は有能です。

Sie beherrscht 5 Sprachen.
彼女は5カ国語をマスターしています。

Er hat die Bedingung abgelehnt.
彼はその条件を拒否しました。

Ich habe den Vertrag unterschrieben.
私はその契約に署名しました。

Er verdient viel Geld.
彼はたくさんお金を稼いでいます。

das **Einkommen** [áinkɔmən] アインコメン	中 収入 *pl.* die Einkommen
der **Lohn** [loːn] ローン	男 (時間単位で支払われる)賃金 *pl.* die Löhne
das **Gehalt** [gəhált] ゲハルト	中 (定期的に支払われる)給料 *pl.* die Gehälter

die **Umwelt** [ómvɛlt] ウムヴェルト	女 環境
ökologisch [økoló:gɪʃ] エコローギッシュ	形 生態系の,自然環境保護の
die **Atmosphäre** [atmosfé:rə] アトモスフェーレ	女 大気,雰囲気 *pl.* die Atmosphären
die **Stimmung** [ʃtímʊŋ] シュティムング	女 雰囲気,気分 *pl.* die Stimmungen
die **Ruhe** [rú:ə] ルーエ	女 静けさ,平穏,休息
die **Lage** [lá:gə] ラーゲ	女 位置,情勢 *pl.* die Lagen
die **Umgebung** [ʊmgé:bʊŋ] ウムゲーブング	女 周辺,周囲 *pl.* die Umgebungen

Meine Frau hat ein gutes Einkommen. 　私の妻はかなりの収入があります。

Der Lohn ist zu niedrig. 　その賃金は低すぎます。

Ich habe ein Gehalt von 2000 Euro. 　私の月給は 2000 ユーロです。

Es ist wichtig, die Umwelt zu schützen. 　環境を保護することは重要です。

Wir müssen ökologisch leben. 　私たちは自然環境を守りながら生活しなければなりません。

Wir arbeiten in einer freundlichen Atmosphäre. 　私たちは和やかな雰囲気の中で働いています。

Die Stimmung auf der Party war toll. 　パーティーの雰囲気はすごくよかったです。

Er ist heute in guter Stimmung. 　彼は今日，機嫌が良いです。

Ich mag die Ruhe hier. 　私はここの静けさが好きです。

Lass mich in Ruhe! 　私に構わないで！

Sein Haus liegt in einer ruhigen Lage. 　彼の家は静かな場所にあります。

Die Bank prüft seine finanzielle Lage. 　銀行は彼の財政状況を調べます。

Es gibt einige Schlösser in der Umgebung Münchens. 　いくつかのお城がミュンヘン周辺にあります。

der **Fall**
[fal]
ファル

男 場合，ケース
pl. die Fälle

die **Situation**
[zitŭatsĭó:n]
ズィトゥアツィオーン

女 状況，立場
pl. die Situationen

die **Sicherheit**
[zíçɐhait]
ズィッヒャーハイト

女 安全，確実性

mit Sicherheit：
確信をもって

die **Gefahr**
[gəfá:r]
ゲファール

女 危険
pl. die Gefahren

🎧 宗教
051

die **Religion**
[religĭó:n]
レリギオーン

女 宗教
pl. die Religionen

der/die **Christ/-in**
[krɪst]
クリスト

男 女 キリスト教徒
pl. die Christen/Christinnen

beten
[bé:tən]
ベーテン

動 祈る

die **Bibel**
[bí:bəl]
ビーベル

女 聖書
pl. die Bibeln

🎧 国家
052

der/die **Kaiser/-in**
[káizɐ]
カイザー

男 女 皇帝
pl. die Kaiser/-innen

der/die **Prinz/Prinzessin**
[prɪnts]   [prɪntsésɪn]
プリンツ   プリンツェッスィン

男 女 王子／王女
pl. die Prinzen/Prinzessinnen

Das ist ein besonderer Fall.

これは特殊なケースです。

Ich komme auf jeden Fall.

私はどんなことがあっても行きます。

auf jeden Fall：どんなことがあっても

Ich verstehe deine Situation, aber ich kann dir leider nicht helfen.

私は君の立場を理解しているが，残念ながら助けることはできない。

Wir sind alle in Sicherheit.

私たちはみな安全です。

Mach das, wenn du willst! Aber auf eigene Gefahr!

やりたいのならやればいい！でも自己責任で！

auf eigene Gefahr：自己責任で

In diesem Land spielt die Religion eine wichtige Rolle.

この国では宗教が重要な役割を果たしています。

Ich bin Christ.

私はキリスト教徒です。

An Neujahr betet man in Japan für Glück im neuen Jahr.

元日に日本では新年の幸運を祈ります。

Martin Luther hat die Bibel ins Deutsche übersetzt.

マルティン・ルターは聖書をドイツ語に翻訳しました。

Der Kaiser von Japan wohnt hier.

日本の天皇はこちらにお住まいです。

Viele Prinzessinnen und Prinzen sind zur Feier eingeladen worden.

多くの王女や王子たちがその祝典に招待されました。

der/die **Kanzler/-in**
[kántslɐ]
カンツラー

男 女 首相
pl. die Kanzler/-innen

der/die **Minister/-in**
[mɪnístɐ]
ミニスター

男 女 大臣
pl. die Minister/-innen

der **Staat**
[ʃtaːt]
シュタート

男 国家
pl. die Staaten

staatlich
[ʃtáːtlɪç]
シュタートリヒ

形 国家の

die **Republik**
[republíːk]
レプブリーク

女 共和国
pl. die Republiken

international
[ɪntɐnatsǐonáːl]
インターナツィオナール

形 国際的な

national
[natsǐonáːl]
ナツィオナール

形 国民の，国家の

die **Nation**
[natsǐóːn]
ナツィオーン

女 国民，国家
pl. die Nationen

das **Volk**
[fɔlk]
フォルク

中 民族
pl. die Völker

die **Bevölkerung**
[bəfœlkərʊŋ]
ベフェルケルング

女 (ある地域の)住民，人口
pl. die Bevölkerungen

Der erste Kanzler der BRD war
Konrad Adenauer.

ドイツ連邦共和国の最初の首相はコンラート・アデナウアーでした。

BRD : Bundesrepublik Deutschland（ドイツ連邦共和国）の略称

Der Politiker ist endlich Minister
geworden.

その政治家はついに大臣になりました。

Die Präsidenten der beiden Staaten
haben hier zu Mittag gegessen.

両国の大統領はここで昼食をとりました。

Das ist ein staatliches Museum.

これは国立美術館です。

Er kommt aus der Tschechischen
Republik.

彼はチェコ共和国出身です。

Ich habe einen internationalen
Studentenausweis.

私は国際学生証を持っています。

In Japan ist der dritte November ein
nationaler Feiertag.

日本では 11 月 3 日は国民の祝日です。

Die ganze Nation war begeistert von
der Rede.

全国民がその演説に感激しました。

Auf dieser Insel wohnen zwei Völker.

この島には 2 つの民族が住んでいます。

Die Bevölkerung Japans nimmt ab.

日本の人口は減少しています。

der/die **Einwohner/-in**
[áinvoːnɐ]
アインヴォーナー

男 女 住民
pl. die Einwohner/-innen

der/die **Bürger/-in**
[býrgɐ]
ビュルガー

男 女 市民，国民
pl. die Bürger/-innen

053

政治・権力

politisch
[políːtɪʃ]
ポリーティシュ

形 政治の

die **Regierung**
[regíːrʊŋ]
レギールング

女 政府
pl. die Regierungen

das **Parlament**
[parlamént]
パルラメント

中 議会，議事堂
pl. die Parlamente

die **Partei**
[partái]
パルタイ

女 政党
pl. die Parteien

die **Gewalt**
[gəvált]
ゲヴァルト

女 権力，暴力
pl. die Gewalten

die **Macht**
[maxt]
マハト

女 権力，力

herrschen
[hérʃən]
ヘルシェン

動 支配する，統治する

司法・犯罪

das **Gericht**
[gəríçt]
ゲリヒト

中 裁判，裁判所，料理
pl. die Gerichte

In diesem Dorf leben 800 Einwohner. この村では 800 人の住民が暮らしています。

Ich bin ein Bürger dieser Stadt. 私はこの町の市民です。

Wie viele politische Parteien gibt es in Japan? 日本にはいくつ政党がありますか。

Die Regierung plant ein Hilfsprogramm für Unternehmen. 政府は企業のための支援計画を立てます。

Er sitzt seit langem im Parlament. 彼はずっと前から国会議員です。

im Parlament sitzen：国会議員である

Die CDU ist der Name einer Partei in Deutschland. CDU はドイツのある政党の名前です。

Ich bin gegen Gewalt. 私は暴力に反対です。

Das Fenster kann nur mit Gewalt aufgemacht werden. その窓は力ずくでしか開けられません。

mit Gewalt：力ずくで

Dieser Präsident hat große Macht. この大統領は大きな権力を持っています。

In diesem Land herrscht der König seit langer Zeit. この国ではその王様が長らく統治しています。

Er steht vor Gericht. 彼は裁判を受けています。

Das Gericht ist lecker. その料理はおいしいです。

127

| das **Recht** | 中 法，権利，正当性 |
| [rɛçt] レヒト | *pl.* die Rechte |

| das **Gesetz** | 中 法律 |
| [gəzéts] ゲゼッツ | *pl.* die Gesetze |

| die **Regel** | 女 規則 |
| [ré:gəl] レーゲル | *pl.* die Regeln |

in der Regel :
たいてい，ふつう

| die **Moral** | 女 モラル，道徳 |
| [morá:l] モラール | |

| das **Verbrechen** | 中 犯罪 |
| [fɛɐ̯bréçən] フェアブレッヒェン | *pl.* die Verbrechen |

| die **Strafe** | 女 罰，罰金 |
| [ʃtrá:fə] シュトラーフェ | *pl.* die Strafen |

| **stehlen**＊ | 動 (～⁴ を) 盗む |
| [ʃté:lən] シュテーレン | 〔stahl － gestohlen〕 |

e → ie

| **töten** | 動 (～⁴ を) 殺す |
| [tǿ:tən] テーテン | |

| die **Schuld** | 女 (過ちなどの) 責任，罪，【複数で】借金 |
| [ʃʊlt] シュルト | *pl.* die Schulden |

| **schuldig** | 形 責任のある，有罪の |
| [ʃóldɪç] シュルディヒ | |

Nach dem japanischen Recht darf man erst ab 20 Alkohol trinken.

日本の法律ではようやく20才からアルコールを飲むことが許されます。

Du hast Recht.

君の言う通りだ。

Recht (recht) haben : (言動が) 正しい

Man darf kein Gesetz brechen.

法律を破ってはいけません。

Die Regeln sind zu streng.

それらの規則は厳しすぎます。

Sie hat keine Moral.

彼女はモラルを持ち合わせていません。

Das ist ein schweres Verbrechen.

これは重大な犯罪です。

Ich habe eine Strafe bekommen.

私は罰を受けました。

Mein Portemonnaie ist gestohlen worden!

私の財布が盗まれました！

Warum hat sie ihren Mann getötet?

彼女はなぜ夫を殺したのですか。

Das ist meine Schuld.

これは私の責任です。

Ich fühle mich schuldig.

私は自分に責任があると感じています。

129

055 der **Krieg**
[kriːk]
クリーク

男 戦争
pl. die Kriege

die **Waffe**
[váfə]
ヴァッフェ

女 武器
pl. die Waffen

der **Feind**
[faint]
ファイント

男 敵
pl. die Feinde

der **Frieden**
[fríːdən]
フリーデン

男 平和

die **Freiheit**
[fráihait]
フライハイト

女 自由
pl. die Freiheiten

056 **wirtschaftlich**
[vírtʃaftlɪç]
ヴィルトシャフトリヒ

形 経済上の

finanziell
[finantsĭél]
フィナンツィエル

形 財政上の

der **Vorteil**
[fórtail]
フォルタイル

男 利益，利点
pl. die Vorteile

der **Nachteil**
[náːxtail]
ナーハタイル

男 不利益，欠点
pl. die Nachteile

der **Wettbewerb**
[vétbəvɛrp]
ヴェットベヴェルプ

男 競技会，（企業間の）競争

Diese zwei Länder haben den Krieg verloren.	この２カ国は戦争に負けました。
Das sind traditionelle japanische Waffen.	これらは伝統的な日本の武器です。
Wir waren früher Feinde.	私たちはかつて敵同士でした。
Frieden ist das Wichtigste.	平和は最も重要です。
Die Bürger haben für ihre Freiheit gekämpft.	市民たちは自由のために戦いました。
Wie ist die wirtschaftliche Lage in Deutschland?	ドイツの経済状況はどうですか。
Sie ist finanziell unabhängig.	彼女は経済的に自立しています。
Dieser Plan hat viele Vorteile.	この計画には多くの利点があります。
Der Nachteil von der Universität ist, dass sie auf einem Hügel liegt.	その大学の欠点は丘の上にあることです。
Einige Studenten nehmen an diesem Wettbewerb teil.	数人の学生がこのコンテストに参加します。

der **Handel** [hándəl] ハンデル	男 商売，貿易，商業
der **Import** [ɪmpórt] インポート	男 輸入，輸入品 *pl.* die Importe
der **Export** [ɛkspórt] エクスポート	男 輸出，輸出品 *pl.* die Exporte
die **Ware** [vá:rə] ヴァーレ	女 商品 *pl.* die Waren
das **Angebot** [ángəbo:t] アンゲボート	中 提供品，申し出 *pl.* die Angebote
an|bieten [ánbi:tən] アンビーテン	動 (〜しようと)申し出る，(〜³ に飲食物など ⁴ を)さし出す [bot...an － angeboten]
prüfen [prý:fən] プリューフェン	動 (〜⁴ を)検査する，(〜⁴ に)試験をする
liefern [lí:fɐn] リーファーン	動 (商品 ⁴ を)配達する，納入する
das **Modell** [modél] モデル	中 モデル，見本，型 *pl.* die Modelle
die **Qualität** [kvalité:t] クヴァリテート	女 質 *pl.* die Qualitäten

Das Auto ist nicht mehr im Handel.

その車はもう販売されていません。

Im Aufsatz geht es um den Handel zwischen Deutschland und Japan.

その論文ではドイツと日本の間の貿易がテーマになっています。

es geht um ~ ⁴ : ～が問題である，～が大事である

Einige Länder haben den Import von Schweinefleisch verboten.

数カ国が豚肉の輸入を禁止しました。

Die Wirtschaft dieses Landes war vom Export abhängig.

この国の経済は輸出に依存していました。

Das ist eine preiswerte Ware.

これはお買い得品です。

Heute sind Erdbeeren im Angebot.

今日はイチゴがセール品です。

Ich werde das Angebot annehmen.

私はその申し出を受け入れるつもりです。

Er hat mir ein Getränk angeboten.

彼は私に飲み物を出してくれました。

Er prüft die Qualität der Produkte.

彼は製品の質を検査します。

Wann werden die Waren geliefert?

商品はいつ配達されますか。

Dieses Handy ist das neueste Modell.

この携帯電話は最新機種です。

Die Qualität dieser Waren ist sehr gut.

これらの商品の質はとても良いです。

| der **Wert** | 男 価値 |
| [veːɐ̯t] ヴェーアト | *pl.* die Werte |

| die **Werbung** | 女 宣伝 |
| [vérbʊŋ] ヴェルブング | |

| **tauschen** | 働 (〜⁴を)交換する |
| [táuʃən] タオシェン | |

058 税・金銭

| die **Steuer** | 女 税 |
| [ʃtɔ́ʏɐ] シュトイアー | *pl.* die Steuern |

| der **Zoll** | 男 関税, 税関 |
| [tsɔl] ツォル | *pl.* die Zölle |

| die **Gebühr** | 女 料金, 手数料 |
| [ɡəbýːɐ̯] ゲビューア | *pl.* die Gebühren |

| die **Währung** | 女 通貨 |
| [véːrʊŋ] ヴェールング | *pl.* die Währungen |

| die **Rente** | 女 年金 |
| [réntə] レンテ | *pl.* die Renten |

> in Rente gehen:
> 年金生活に入る
> in Rente sein :
> 年金生活をしている

| das **Konto** | 中 口座 |
| [kɔ́nto] コント | *pl.* die Konten/Kontos |

| die **Quittung** | 女 領収書 |
| [kvítʊŋ] クヴィットゥング | *pl.* die Quittungen |

| **aus\|geben*** | 働 (お金⁴を)支出する |
| [áusɡeːbən] アオスゲーベン | |

> du gibst...aus
> er gibt...aus

〔gab...aus - ausgegeben〕

Das Buch hat einen Wert von 1000 Euro.	その本は 1000 ユーロの価値があります。
Diese Werbung ist sehr interessant.	この広告はとてもおもしろいです。
Ich möchte Yen in Euro tauschen.	私は円をユーロに交換したいのですが。
Ich habe meine Steuern gezahlt.	私は税金を支払いました。
Sie müssen Zoll zahlen.	あなたは関税を払わなければなりません。
Hier kann man ohne Gebühren Geld wechseln.	ここでは手数料なしで両替できます。
Die japanische Währung heißt Yen.	日本の通貨は円といいます。
Ab nächstem Jahr bekomme ich Rente.	来年から私は年金を受け取ります。
Ich habe ein Konto bei der Deutschen Bank.	私はドイツ銀行に口座を持っています。
Geben Sie mir bitte die Quittung.	領収書をください。
Er hat für das Auto viel Geld ausgegeben.	彼はその車のために大金をはたきました。

kostenlos [kɔ́stənloːs] コステンロース	形 無料の
bar [baːr] バール	形 現金の

erfinden [ɛɐ̯fíndən] エアフィンデン	動 (～⁴ を)発明する 〔erfand - erfunden〕
das **Produkt** [prodókt] プロドゥクト	中 製品 pl. die Produkte
produzieren [produtsíːrən] プロドゥツィーレン	動 (～⁴ を)生産する
her|stellen [héːɐ̯ʃtɛlən] ヘーアシュテレン	動 (～⁴ を)製造する
die **Landwirtschaft** [lántvɪrtʃaft] ラントヴィルトシャフト	女 農業
die **Ernte** [érntə] エルンテ	女 収穫 pl. die Ernten

die **Technik** [téçnɪk] テヒニク	女 科学技術, 技術 pl. die Techniken
technisch [téçnɪʃ] テヒニシュ	形 科学技術の, 技術的な
elektronisch [elɛktróːnɪʃ] エレクトローニシュ	形 電子(工学)の

An diesem Kurs können Sie kostenlos teilnehmen.

このコースには無料で参加できます。

Kann ich bar bezahlen?

現金で支払えますか。

Aspirin ist in Deutschland erfunden worden.

アスピリンはドイツで発明されました。

Unsere Produkte werden in vielen Ländern verkauft.

我々の製品は多くの国々で販売されています。

Diese Waren sind in China produziert worden.

これらの商品は中国で生産されました。

Was wird in dieser Fabrik hergestellt?

この工場では何が製造されているのですか。

Meine Eltern sind in der Landwirtschaft tätig.

私の両親は農業に従事しています。

Im Herbst feiert man die gute Ernte.

秋には豊作を祝います。

Die Technik ändert sich schnell.

技術の変化は速いです。

Er studiert an einer technischen Hochschule.

彼は工科大学で学んでいます。

Hier darf man keine elektronischen Geräte verwenden.

ここでは電子機器を使用してはいけません。

137

| die **Energie** | 女 エネルギー |
| [enɛrgíː]
エネルギー | *pl.* die Energien |

| die **Kraft** | 女 力 |
| [kraft]
クラフト | *pl.* die Kräfte |

🎧 **通信・メディア・伝達**
061

| der **Anruf** | 男 電話をかけること |
| [ánruːf]
アンルーフ | *pl.* die Anrufe |

| die **Sendung** | 女 放送，番組 |
| [zéndʊŋ]
ゼンドゥング | *pl.* die Sendungen |

| der/die **Absender/-in** | 男 女 差出人 |
| [ápzɛndɐ]
アップゼンダー | *pl.* die Absender/-innen |

| der/die **Empfänger/-in** | 男 女 受取人 |
| [ɛmpféŋɐ]
エムプフェンガー | *pl.* die Empfänger/-innen |

| der **Verlag** | 男 出版社 |
| [fɐ̆láːk]
フェアラーク | *pl.* die Verlage |

| **erscheinen** | 動 現れる，出版される |
| [ɛɐ̆ʃáinən]
エアシャイネン | (s) 〔erschien - erschienen〕 |

| **drucken** | 動 (～⁴ を) 印刷する |
| [drókən]
ドルッケン | |

| der **Artikel** | 男 記事，商品 |
| [artíːkəl]
アルティーケル | *pl.* die Artikel |

| die **Anzeige** | 女 (新聞などの) 広告 |
| [ántsaigə]
アンツァイゲ | *pl.* die Anzeigen |

Wir müssen Energie sparen.	私たちはエネルギーを節約しなければなりません。
Man braucht viel Kraft, um den Stein hoch zu heben.	その石を高く持ち上げるには大変な力が必要です。
Danke für Ihren Anruf!	お電話ありがとうございます。
Ich sehe gern Nachrichtensendungen.	私はニュース番組を見るのが好きです。
Auf diesem Brief steht kein Absender.	この手紙には差出人の住所・氏名がありません。
Hier müssen Sie den Namen des Empfängers schreiben.	あなたはここに受取人の名前を書かなければいけません。
Das Buch ist bei diesem Verlag erschienen.	その本はこの出版社から出版されました。
Die Zeitschrift erscheint monatlich.	その雑誌は毎月発行されます（月刊誌です）。
Die Zeitschrift wird erst kurz vor der Veröffentlichung gedruckt.	その雑誌は出版の直前にならないと印刷されません。 Veröffentlichung：出版
Haben Sie den Artikel gelesen?	その記事を読みましたか。
In der Zeitung stehen viele Anzeigen.	新聞にはたくさんの広告が載っています。

berichten [bəríçtən] ベリヒテン	動 (über 〜⁴／von 〜³ について)報告する，報道する
informieren [ɪnfɔrmíːrən] インフォルミーレン	動 (〜⁴ に)情報を伝える，**sich** (über 〜⁴ について)情報を得る
mit|teilen [míttailən] ミットタイレン	動 (〜³ に〜⁴ を)知らせる
die **Auskunft** [áuskʊnft] アオスクンフト	女 情報，案内所 *pl.* die Auskünfte
der **Bescheid** [bəʃáit] ベシャイト	男 知らせ，情報 *pl.* die Bescheide
das **Schild** [ʃɪlt] シルト	中 表示板 *pl.* die Schilder

das **Erdbeben** [éːɐtbeːbən] エーアトベーベン	中 地震 *pl.* die Erdbeben
der **Schaden** [ʃáːdən] シャーデン	男 被害，損傷 *pl.* die Schäden
schaden [ʃáːdən] シャーデン	動 (〜³ に)害を与える
das **Unglück** [ónɡlʏk] ウングリュック	中 不運，(大きな)事故 *pl.* die Unglücke

Das Radio berichtete gestern von einem Unfall.

ラジオは昨日ある事故について報じました。

Bitte informieren Sie mich über neue Produkte.

新しい製品についての情報を教えてください。

Teilen Sie mir bitte Ihre Kontonummer mit.

私にあなたの口座番号をお知らせください。

Ich hätte gerne eine Auskunft.

お尋ねしたいことがあるのですが。

Sag mir Bescheid, wenn du Hilfe brauchst.

もし助けが必要なら知らせてね。

~³ Bescheid sagen：～に知らせる

Dort steht ein Schild.

あそこに表示板があります。

Einige Häuser wurden durch Erdbeben zerstört.

何軒かの家は地震で破壊されました。

Der Taifun hat viele Schäden verursacht.

その台風は多くの被害を引き起こしました。

Ich muss einen Schaden am Motorrad reparieren lassen.

私はバイクの故障を修理してもらわなければなりません。

Es schadet der Gesundheit, zu viele Medikamente zu nehmen.

薬を摂取しすぎることは健康に害を与えます。

So ein Unglück!

何という不運なのでしょう！

das **Ereignis**
[ɛʁáignɪs]
エアアイグニス

中 できごと，事件
pl. die Ereignisse

geschehen＊
[gəʃéːən]
ゲシェーエン

動 (事件などが)起こる

Gern geschehen! :
どういたしまして！ e → ie

(s) 〔geschah － geschehen〕

passieren
[pasíːrən]
パスィーレン

動 (事件・災厄などが)起こる

(s)

das **Opfer**
[ɔ́pfɐ]
オプファー

中 犠牲，犠牲者
pl. die Opfer

die **Schwierigkeit**
[ʃvíːrɪçkait]
シュヴィーリヒカイト

女 困難
pl. die Schwierigkeiten

die **Not**
[noːt]
ノート

女 貧困，苦境
pl. die Nöte

der **Lärm**
[lɛrm]
レルム

男 騒音

stören
[ʃtǿːrən]
シュテーレン

動 (～⁴の)邪魔をする

zerstören
[tsɛɐ̯ʃtǿːrən]
ツェアシュテーレン

動 (～⁴を)破壊する

stürzen
[ʃtýrtsən]
シュトゥルツェン

動 転落する，転倒する

(s)

Ein Journalist hat über das Ereignis berichtet.

あるジャーナリストがその事件について報道しました。

Ein Unfall ist geschehen.

事故が起きました。

Was ist denn passiert?

いったい何が起きたのですか。

Hier stehen die Namen der Unfallopfer.

ここに事故の犠牲者の名前が載っています。

Die Firma hat finanzielle Schwierigkeiten.

その会社は財政上の困難を抱えています。

Ich bin in Not.

私は苦境に立たされています。

Mach keinen Lärm!

騒がないで！

Darf ich Sie kurz stören?

少々お邪魔してもよろしいでしょうか。

Im Krieg wurden viele Städte zerstört.

戦争で多くの町が破壊されました。

Gestern bin ich vom Dach gestürzt.

昨日私は屋根から落ちました。

zerbrechen* [tsɛ̆bréçən] ツェアブレッヒェン	動 割れる (s) [zerbrach - zerbrochen]　　e → i
der **Streit** [ʃtrait] シュトライト	男 争い
streiten [ʃtráitən] シュトライテン	動 争う [stritt - gestritten]

die **Eile** [áilə] アイレ	女 急ぎ
eilen [áilən] アイレン	動 (〜へ) 急いで行く (s)
sich beeilen [zɪç　bə｜áilən] ズィヒ　ベアイレン	動 急ぐ
eilig [áilɪç] アイリヒ	形 急いでいる，緊急の
dringend [dríŋənt] ドリンゲント	形 緊急の

der **Mangel** [máŋəl] マンゲル	男 不足 *pl.* die Mängel
genügen [gəný:gən] ゲニューゲン	動 十分である
reichen [ráiçən] ライヒェン	動 足りる

144

Mein Lieblingsglas ist zerbrochen. 私のお気に入りのグラスが割れました。

Ich hatte mit ihm einen Streit um Geld. 私は彼とお金のことで争いになりました。

Warum streitet ihr euch? 君たちはなぜ争っているの？

Eile mit Weile. 急がば回れ（ことわざ）。

Er eilt nach Hause. 彼は急いで家に帰ります。

Beeil dich! Der Zug fährt gleich ab! 急いで！　電車はすぐに出発するよ！

Nicht so eilig bitte. そんなに急がないで。

Ich brauche dringend Ihre Antwort. 私は至急あなたの回答を必要としています。

In diesem Land ist der Mangel an Lebensmitteln ein großes Problem. この国では食糧不足が大きな問題です。

Das genügt mir, danke. それで十分です。ありがとう。

Das Geld reicht nicht. このお金では足りません。

der **Lebenslauf**
[léːbənslauf]
レーベンスラオフ

男 履歴書
pl. die Lebensläufe

der **Antrag**
[ántraːk]
アントラーク

男 申請
pl. die Anträge

die **Anmeldung**
[ánmɛldʊŋ]
アンメルドゥング

女 申し込み，届け出，住民登録
pl. die Anmeldungen

sich an|melden
[zɪç ánmɛldən]
ズィヒ アンメルデン

動 申し込む

die **Unterlagen**
[úntɛlaːgən]
ウンターラーゲン

複 書類

das **Formular**
[fɔrmuláːr]
フォルムラール

中 届け出(申し込み)用紙
pl. die Formulare

sich bewerben*
[zɪç bəvérbən]
ズィヒ ベヴェルベン

動 (um ～⁴ に)応募する

〔bewarb - beworben〕

e→i

der **Stempel**
[ʃtémpəl]
シュテンペル

男 スタンプ
pl. die Stempel

die **Anfrage**
[ánfraːgə]
アンフラーゲ

女 問い合わせ
pl. die Anfragen

unterschreiben
[ʊntɛʃráibən]
ウンターシュライベン

動 (～⁴ に)署名する

〔unterschrieb - unterschrieben〕

bestätigen
[bəʃtéːtɪgən]
ベシュテーティゲン

動 (～⁴ が真実であることを)確認
する

Hier ist mein Lebenslauf.

これが私の履歴書です。

Wie kann man einen Antrag auf Kindergeld stellen?

どのように児童手当を申請することができますか。

einen Antrag auf ~ ⁴ stellen：～を申請する

Für die Anmeldung muss man zum Rathaus gehen.

住民登録をするためには市役所に行かなければなりません。

Kann ich mich für den Sprachkurs online anmelden?

その語学コースにインターネットで申し込めますか。

Die Unterlagen muss ich heute noch schicken.

書類を私は今日中に送らなければなりません。

Ich muss dieses Formular noch unterschreiben.

私はこの届け出用紙にまだ署名しなければなりません。

Ich habe mich um einen Job beworben.

私はアルバイトに応募しました。

Ich brauche einen Stempel.

私はスタンプを押してもらう必要があります。

Ihre Anfrage beantworten wir gerne.

お問い合わせには喜んでお答えします。

Bitte unterschreiben Sie hier.

ここに署名してください。

Bestätigen Sie bitte Ihre E-Mail-Adresse.

あなたのメールアドレスが正しいことを確認してください。

ab|geben^{*}
[ápge:bən]
アップゲーベン

動 (～⁴ を)引き渡す

du gibst…ab
er gibt…ab

〔gab…ab － abgegeben〕

klappen
[klápən]
クラッペン

動 うまくいく

überwinden
[y:bɐvíndən]
ユーバーヴィンデン

動 (～⁴ を)克服する

〔überwand － überwunden〕

schaffen²
[ʃáfən]
シャッフェン

動 (～⁴ を)成し遂げる

gelingen
[gəlíŋən]
ゲリンゲン

動 (～³ にとって)成功する

(s) 〔gelang － gelungen〕

erfolgreich
[ɛɐfɔ́lkraiç]
エアフォルクライヒ

形 成功した

an|nehmen^{*}
[ánne:mən]
アンネーメン

動 (～⁴ を)受け取る，受け入れる

du nimmst…an
er nimmt…an

〔nahm…an － angenommen〕

erhalten^{*}
[ɛɐháltən]
エアハルテン

動 (～⁴ を)受け取る

du erhältst
er erhält

〔erhielt － erhalten〕

besorgen
[bəzɔ́rgən]
ベゾルゲン

動 (～⁴ を)調達する

kriegen
[krí:gən]
クリーゲン

動 (～⁴ を)もらう，入手する

Bis wann soll ich die Unterlagen abgeben?	いつまでに書類を提出すれば いいですか。
Alles hat geklappt.	すべてがうまくいきました。
Er hat eine Krankheit überwunden.	彼は病気を克服しました。
Das muss ich heute noch schaffen.	これを私は今日中にやり遂げ なければなりません。
Der Versuch ist mir nicht gelungen.	その試みはうまくいきません でした。
Die Aufführung war erfolgreich.	その上演は成功しました。
Ich habe ein Paket mit Süßigkeiten angenommen.	私はお菓子の入った小包を受 け取りました。
Er hat das Angebot angenommen.	彼はその申し出を受け入れま した。
Am 30. April habe ich Ihren Brief erhalten.	4月30日に私はあなたからの 手紙を受け取りました。
Er hat mir Fahrkarten besorgt.	彼は私のために乗車券を調達 してくれました。
Endlich habe ich das Buch gekriegt.	ようやく私はその本を入手し ました。

067

失敗・中断

verwechseln
[fɛɐ̯véksəln]
フェアヴェクセルン

動 (〜⁴を)取り違える

auf|geben*
[áufge:bən]
アオフゲーベン

動 (〜⁴を)あきらめる　du gibst...auf
er gibt...auf

〔gab...auf - aufgegeben〕

verzichten
[fɛɐ̯tsíçtən]
フェアツィヒテン

動 (auf 〜⁴を)断念する

unterbrechen*
[ʊntɐbréçən]
ウンターブレッヒェン

動 (〜⁴を)中断する　e→i

〔unterbrach - unterbrochen〕

援助・世話・保護

die **Unterstützung**
[ʊntɐʃtýtsʊŋ]
ウンターシュトゥッツング

女 援助

sich kümmern
[zɪç kýmɐn]
ズィヒ　キュマーン

動 (um 〜⁴の)面倒をみる

pflegen
[pflé:gən]
プフレーゲン

動 (〜⁴の)世話をする

begleiten
[bəgláitən]
ベグライテン

動 (〜⁴に)同行する，(〜⁴を)送っていく

retten
[rétən]
レッテン

動 (〜⁴を)救う

der **Schutz**
[ʃʊts]
シュッツ

男 保護

schützen
[ʃýtsən]
シュッツェン

動 (〜⁴を)守る

Der Nachbar hat mich mit meiner Schwester **verwechselt**.	隣人は私を妹と間違えました。

~ ⁴ mit ...³ verwechseln：〜を…と取り違える

Ich werde nie **aufgeben**.	私は決してあきらめないつもりです。
Ich habe auf das Studium **verzichtet**.	私は大学での勉強を断念しました。
Der Regen **unterbricht** das Spiel.	雨が試合を中断します。
Er bekommt **Unterstützung** von der Organisation.	彼はその団体から援助を受けています。
Sie muss **sich** um ihren Bruder **kümmern**.	彼女は弟の面倒をみなければいけません。
Ich **pflege** meine alten Eltern.	私は年老いた両親の世話をしています。
Ich **begleite** dich zum Bahnhof.	君を駅まで送っていくよ。
Ein Mann hat die Stadt **gerettet**.	一人の男性がその町を救いました。
Zum **Schutz** der Umwelt muss jeder etwas tun.	環境保護のためおのおのが何かをしなければいけません。
Wir müssen die Natur **schützen**.	私たちは自然を守らなければなりません。

verhindern
[fɛɐhíndɐn]
フェアヒンダーン

動 (〜⁴を)阻止する

069 作業・操作

an|machen
[ánmaxən]
アンマッヘン

動 (テレビ・電灯など⁴を)つける

aus|machen
[áusmaxən]
アオスマッヘン

動 (テレビ・電灯など⁴を)消す

an|zünden
[ántsʏndən]
アンツュンデン

動 (〜⁴に)火をつける

verändern
[fɛɐɛ́ndɐn]
フェアエンダーン

動 (〜⁴を)変える, sich 変わる

drehen
[dré:ən]
ドレーエン

動 (〜⁴を)回転させる

wenden
[véndən]
ヴェンデン

動 (〜⁴を)裏返す, (〜⁴を別の方向へ)向ける, sich (an 〜⁴に)問い合わせる

> ＊「裏返す，方向転換する」の意味では規則変化のみが用いられる。

＊〔wandte - gewandt〕

reduzieren
[redutsí:rən]
レドゥツィーレン

動 (数量など⁴を)減らす

ergänzen
[ɛɐɡɛ́ntsən]
エアゲンツェン

動 (足りないところ⁴を)補う

070 使用

die **Verfügung**
[fɛɐfý:ɡʊŋ]
フェアフューグング

女 自由な使用

Wir müssen ein Unglück verhindern.	私たちは事故を防がなければなりません。
Mach bitte das Licht an!	明かりをつけて！
Ich mache den Computer aus.	私はコンピューターをシャットダウンします。
Ich zünde eine Kerze an.	私はろうそくに火をつけます。
Diese Technik wird die Welt verändern.	この技術は世界を変えるでしょう。
Drehen Sie bitte den Schalter.	スイッチをひねってください。
Bitte wenden!	裏面をご覧ください。
Für weitere Fragen wenden Sie sich bitte an die Touristeninformation.	他に質問があれば観光案内所にお問い合わせください。
Das sind reduzierte Preise.	これらは割引された値段です。
Ergänzen Sie die Verben.	（問題で）動詞を補ってください。 das Verb：動詞
Der Raum steht Ihnen zur Verfügung.	この部屋を自由に使って結構です。 ~³ zur Verfügung stehen：～の自由になる

gebrauchen
[gəbráuxən]
ゲブラオヘン

動 (～⁴を)使用する

verwenden
[fɛ̆véndən]
フェアヴェンデン

動 (～⁴を)利用する

behandeln
[bəhándəln]
ベハンデルン

動 (～⁴を)取り扱う

nutzen/nützen
[nútsən/nýtsən]
ヌッツェン/ニュッツェン

動 役立つ

> 北ドイツでは **nutzen**
> 南ドイツ他では **nützen**

gelten*
[géltən]
ゲルテン

動 有効である，(als ～と)みなされている

〔galt - gegolten〕

> du giltst
> er gilt

🎧 **数量・単位**
071

das Gewicht
[gəvíçt]
ゲヴィヒト

中 重さ
pl. die Gewichte

wiegen
[víːgən]
ヴィーゲン

動 (～の)重さがある，(～⁴の)重さを量る

〔wog - gewogen〕

das Pfund
[pfʊnt]
プフント

中 ポンド(500 グラム)

die Höhe
[hǿːə]
ヘーエ

女 高さ
pl. die Höhen

messen*
[mésən]
メッセン

動 (長さ・時間など⁴を)はかる

〔maß - gemessen〕

> e → i

154

Den PC kann ich noch gut gebrauchen.

そのパソコンはまだ十分使えます。

Die Flasche wird wieder verwendet.

その瓶は再利用されます。

Welches Thema wird in diesem Aufsatz behandelt?

どんなテーマがこの論文で扱われているのですか。

Die Information hat mir genützt.

その情報は私の役に立ちました。

Diese Kreditkarte gilt nicht mehr.

このクレジットカードはもう期限が切れています。

Wo stehen die Informationen zu Gewicht und Größe des Handgepäcks?

手荷物の重さと大きさの情報はどこに載っていますか。

Der Brief wiegt 60g.

その手紙は 60 グラムの重さです。

Ich habe ein Pfund Äpfel gekauft.

私はリンゴを 1 ポンド（500グラム）買いました。

Die Höhe des Turms beträgt 634 Meter.

その塔の高さは 634 メートルです。

Der Verkäufer hat meine Größe gemessen.

店員は私のサイズをはかりました。

das/der **Quadratmeter** [kvadráːtmeːtɐ] クヴァドラートメーター	中 男 平方メートル
der **Band** [bant] バント	男 (本の)巻 *pl.* die Bände
das **Dutzend** [dótsənt] ドゥーツェント	中 ダース *pl.* die Dutzende
eineinhalb [áɪnaɪnhálp] アインアインハルプ	数 1と2分の1 (=anderthalb)
das **Viertel** [fírtəl] フィルテル	中 4分の1，15分，地区 *pl.* die Viertel
doppelt [dɔ́pəlt] ドッペルト	形 2倍の
der **Durchschnitt** [dórçʃnɪt] ドゥルヒシュニット	男 平均 *pl.* die Durchschnitte
durchschnittlich [dórçʃnɪtlɪç] ドゥルヒシュニットリヒ	形 平均の
die **Summe** [zúmə] ズメ	女 合計，金額 *pl.* die Summen
betragen* [bətráːgən] ベトラーゲン	動 (〜⁴ の)額・数値になる a → ä 〔betrug － betragen〕

072

形・形式

der **Kreis** [kraɪs] クライス	男 円 *pl.* die Kreise

Meine Wohnung ist etwa 200 Quadratmeter groß.

私の住まいは約 200 平方メートルです。

Hast du den zweiten Band des Buches?

その本の第 2 巻を持っている？

Ich kaufe ein Dutzend Eier.

私は卵を 1 ダース買います。

Diesmal bleibe ich eineinhalb Monate in Deutschland.

今回私は 1 ヶ月半ドイツに滞在します。

Es ist Viertel nach zwei.

2 時 15 分です。

Er wohnt in einem ruhigen Viertel.

彼は静かな地区に住んでいます。

Sie ist doppelt so alt wie ihre Tochter.

彼女は自分の娘の 2 倍の年齢です。

Ich schlafe im Durchschnitt 8 Stunden.

私は平均して 8 時間寝ています。

im Durchschnitt：平均して

Ich gehe durchschnittlich dreimal in der Woche ins Schwimmbad.

私は平均して週 3 回プールへ行きます。

Ich zahle heute die volle Summe.

私は今日全額を支払います。

Der Preis beträgt 10 Euro.

値段は 10 ユーロです。

Der Lehrer zeichnet einen Kreis an die Tafel.

先生は黒板に円を描きます。

die **Zeile**
[tsáilə]
ツァイレ

女 行
pl. die Zeilen

die **Reihe**
[ráiə]
ライエ

女 列, 順番
pl. die Reihen

die **Liste**
[lístə]
リステ

女 一覧表, 名簿
pl. die Listen

🎧 手段

073 das **Mittel**
[mítəl]
ミッテル

中 手段
pl. die Mittel

das **Verfahren**
[fɛ̆ɐfá:rən]
フェアファーレン

中 (仕事などの)やり方
pl. die Verfahren

die **Art**
[a:rt]
アールト

女 やり方, 性質, 種類
pl. die Arten

die **Weise**
[váizə]
ヴァイゼ

女 やり方
pl. die Weisen

irgendwie
[írgəntví:]
イルゲントヴィー

副 何らかの方法で, どうにかして,
どことなく

🎧 整理・分類

074 die **Ordnung**
[ɔ́rdnʊŋ]
オルドヌング

女 秩序, 整とんされている状態

die **Sorte**
[zɔ́rtə]
ゾルテ

女 種類, 品質
pl. die Sorten

der **Unterschied**
[ʊ́ntɐʃi:t]
ウンターシート

男 違い, 区別
pl. die Unterschiede

Das Wort steht in der 4. Zeile von oben.	その単語は上から４行目にあります。
Mein Vater sitzt in der ersten Reihe.	私の父は一列目に座っています。
Mein Name steht nicht auf der Liste.	私の名前が名簿に載っていません。
Ich werde alle Mittel versuchen.	私はあらゆる手段を試みるつもりです。
Dieses Verfahren ist nicht mehr modern.	このやり方はもはや現代的ではありません。
Ich mag seine Art nicht.	私は彼のやり方は好きではありません。
Auf diese Weise kocht man das Gericht.	このようにその料理は作られます。

auf diese Weise：このように，この方法で

Ich muss diese Arbeit irgendwie fertig machen.	私はこの仕事をどうにかして仕上げなければなりません。
In Ordnung!	オーケーです！

in Ordnung：オーケー

Wir haben verschiedene Sorten Wein.	私たちはさまざまな種類のワインをそろえています。
Was ist der Unterschied zwischen „kaufen" und „einkaufen"?	「kaufen」と「einkaufen」の違いは何ですか。

unterscheiden	動 (～⁴ を)区別する，sich (von ～³ と)異なる
[ʊntɐʃáidən] ウンターシャイデン	
	〔unterschied - unterschieden〕

| **teilen** | 動 (～⁴ を)分割する，分配する |
| [táilən]
タイレン | |

| **trennen** | 動 (～⁴ を)分ける，引き離す，sich 別れる |
| [trénən]
トレネン | |

| der **Zusammenhang** | 男 関連，つながり |
| [tsuzámənhaŋ]
ツザメンハング | pl. die Zusammenhänge |

| die **Ausnahme** | 女 例外 |
| [áusna:mə]
アオスナーメ | pl. die Ausnahmen |

| der **Rest** | 男 残り |
| [rɛst]
レスト | pl. die Reste |

| das **Gegenteil** | 中 反対 |
| [gé:gəntail]
ゲーゲンタイル | pl. die Gegenteile |

🎧 事実・原因・結果

075

| die **Wahrheit** | 女 真実 |
| [vá:rhait]
ヴァールハイト | pl. die Wahrheiten |

| die **Wirklichkeit** | 女 現実 |
| [vírklɪçkait]
ヴィルクリヒカイト | pl. die Wirklichkeiten |

> in Wirklichkeit：
> 実際は，ほんとうは

| die **Tatsache** | 女 事実 |
| [tá:tzaxə]
タートザッヘ | pl. die Tatsachen |

Die meisten Europäer können Chinesen nicht von Japanern unterscheiden.

たいていのヨーロッパ人は中国人を日本人と区別できません。

Ihre Stimme unterscheidet sich nicht von der ihrer Mutter.

彼女の声は彼女の母の声と区別がつきません。

der : 指示代名詞 (Stimme を指す)

Meine Mutter teilt den Kuchen mit dem Messer in 6 Stücke.

母はケーキをナイフで6つに分けます。

Hier steht, wie man den Müll trennen soll.

ここにゴミをどのように分別すればよいか載っています。

Das Problem steht im Zusammenhang mit dem Klima.

その問題は気候と関連があります。

mit ~³ im/in Zusammenhang stehen : ～と関連がある

Keine Regel ohne Ausnahme.

例外のない規則はない (ことわざ)。

Den Rest bezahle ich später.

残りは後ほど支払います。

Ganz im Gegenteil!

とんでもない (まったく正反対です) !

Sag mir die Wahrheit!

ほんとうのことを言って!

Mein Traum ist Wirklichkeit geworden.

私の夢がかないました。

Das ist eine Tatsache.

これは事実です。

tatsächlich
[táːtzeçlɪç]
タートゼヒリヒ

　㊙ 事実の，ほんとうに

die Möglichkeit
[møːklɪçkait]
メークリヒカイト

　女 可能性
　pl. die Möglichkeiten

der Grund
[grʊnt]
グルント

　男 理由，基礎，土地
　pl. die Gründe

verursachen
[fɛɐ̆|úːɐ̆zaxən]
フェアウーアザッヘン

　動 (〜⁴の)原因となる，(〜⁴を)ひ
　き起こす

die Folge
[fɔ́lgə]
フォルゲ

　女 結果，連続
　pl. die Folgen

das Ergebnis
[ɛɐ̆géːpnɪs]
エアゲープニス

　中 結果，成果
　pl. die Ergebnisse

die Tat
[taːt]
タート

　女 行為
　pl. die Taten

das Verhalten
[fɛɐ̆háltən]
フェアハルテン

　中 態度，ふるまい

handeln
[hándəln]
ハンデルン

　動 行動する

treiben
[tráibən]
トライベン

　動 (〜⁴を)追いたてる，(仕事・活
　動など⁴を)する
　〔trieb - getrieben〕

Ich habe die Prüfung bestanden!
— Tatsächlich?

私は試験に受かりました。
──ほんとうに？

Es gibt zwei Möglichkeiten.

2つの可能性 (方法) があります。

Das ist der Grund dafür, warum du
das nicht tun darfst.

これが君がそれをしてはいけ
ない理由だ。

Der dichte Nebel hat den Unfall
verursacht.

濃い霧がその事故を引き起こ
しました。

Ich war über die Folge sehr
enttäuscht.

私はその結果にとてもがっか
りしました。

> über ~ ⁴/von ~ ³ enttäuscht sein : (~のことで) がっかりしている

Wann erscheint die nächste Folge?

(雑誌などの) 次の号はいつ出
ますか。

Wie war das Ergebnis der Prüfung?

試験の結果はどうでしたか。

Er war in der Tat ein Genie.

彼はほんとうに天才でした。

> in der Tat :
> 実際に，事実

Sein Verhalten ist immer etwas
merkwürdig.

彼の態度はいつも少しばかり
奇妙です。

Worum handelt es sich?

何の話ですか。

> es handelt sich um ~ ⁴ :
> ~が問題 (話題) となっている

Treiben Sie gern Sport?

スポーツをするのは好きですか。

reagieren
[reagíːrən]
レアギーレン
働 (auf 〜⁴ に) 反応する

auf|passen
[áufpasən]
アオフパッセン
働 (auf 〜⁴ に) 気をつける, 気を配る

achten
[áxtən]
アハテン
働 (〜⁴ を) 尊重する, (auf 〜⁴ に) 注意を払う

beachten
[bəláxtən]
ベアハテン
働 (〜⁴ に) 注意を払う

fliehen
[flíːən]
フリーエン
働 逃げる

(s) 〔floh - geflohen〕

verstecken
[fɛɐ̯ʃtékən]
フェアシュテッケン
働 (〜⁴ を) 隠す, sich 隠れる

das **Geheimnis**
[gəháimnɪs]
ゲハイムニス
中 秘密
pl. die Geheimnisse

🎧 **動作**
077 die **Bewegung**
[bəvéːgʊŋ]
ベヴェーグング
女 動き, 運動
pl. die Bewegungen

bewegen
[bəvéːgən]
ベヴェーゲン
働 (〜⁴ を) 動かす, sich 動く

an|sehen＊
[ánzeːən]
アンゼーエン
働 (〜⁴ を) 見つめる

du siehst…an
er sieht…an

〔sah…an - angesehen〕

blicken
[blíkən]
ブリッケン
働 (〜に) 目を向ける

Sie hat schnell auf die Frage reagiert. 彼女はすばやく質問に答えました。

Die Kinder sollen auf die Autos aufpassen. 子どもたちは車に注意しなければなりません。

Hier muss man auf diese Regeln achten. ここではこれらの規則に注意を払わなければなりません。

Auch beim Fahrradfahren muss man die Verkehrsregeln beachten. 自転車に乗る際も交通ルールに注意を払わなければなりません。

Er ist ins Ausland geflohen. 彼は外国に逃亡しました。

Wo versteckst du dich? どこに隠れているの？

Du hast doch Geheimnisse vor mir, nicht wahr? 私に隠しごとがあるでしょう？

Bitte machen Sie diese Bewegung. この動きをしてください。

Ich habe zu viel gegessen und kann mich fast nicht mehr bewegen. 私は食べすぎてほとんどもう動けません。

Darf ich die Fotos ansehen? 写真を見てもよいですか。

Der Student blickt mehrmals auf die Uhr. その学生は何度も時計に目を向けます。

mehrmals：何度も

beißen
[báisən]
バイセン

動 噛む

〔biss - gebissen〕

atmen
[á:tmən]
アートメン

動 呼吸する

springen
[ʃpríŋən]
シュプリンゲン

動 とぶ，ジャンプする

(s, h) 〔sprang - gesprungen〕

der **Schritt**
[ʃrɪt]
シュリット

男 歩み，一歩の距離

pl. die Schritte

Schritt für Schritt :
一歩一歩

schütteln
[ʃýtəln]
シュッテルン

動 (～⁴を)振る

greifen
[gráifən]
グライフェン

動 (～へ)手を伸ばす，(～⁴を)つ
かむ

〔griff - gegriffen〕

brechen*
[bréçən]
ブレッヒェン

動 (～⁴を)折る

e→i

〔brach - gebrochen〕

stoßen*
[ʃtó:sən]
シュトーセン

動 (～⁴を)突く

du stößt
er stößt

〔stieß - gestoßen〕

decken
[dékən]
デッケン

動 (～⁴を)覆う

stecken
[ʃtékən]
シュテッケン

動 (～⁴を～へ)差し込む

Die Katze beißt, wenn sie schlechte Laune hat.

その猫は機嫌が悪いと噛みます。

Die Luft ist so schlecht, ich kann kaum atmen.

空気が悪いので私はほとんど息ができません。

Die Kinder sind ins Wasser gesprungen.

子どもたちは水の中へ飛び込みました。

Der Supermarkt ist nur wenige Schritte von hier entfernt.

そのスーパーマーケットはここからほんのわずかの距離にあります。

Er hat den Kopf geschüttelt.

彼は頭を横に振りました（否定などの身ぶり）。

Er greift nach dem Glas.

彼はグラスに手を伸ばします。

Ich habe mir das Bein gebrochen.

私は足を骨折しました。

Jemand hat mich ins Wasser gestoßen.

誰かが私を水の中へ突き落としました。

Der Tisch ist schon gedeckt.

食卓の準備はすでにできています。

den Tisch decken：食事の用意をする

Steck die Hände nicht in die Taschen!

ポケットに手を突っ込まないで！

füllen
[fýlən]
フュレン

動 (容器など⁴を)満たす

erfüllen
[ɛɐ̯fýlən]
エアフュレン

動 (〜⁴を)満たす，かなえる

wecken
[vékən]
ヴェッケン

動 (眠っている人⁴を)起こす

der Zustand
[tsú:ʃtant]
ツーシュタント

男 状態

pl. die Zustände

sich befinden
[zɪç bəfíndən]
ズィヒ ベフィンデン

動 (〜に)ある，いる

[befand - befunden]

enthalten*
[ɛntháltən]
エントハルテン

動 (〜⁴を)含んでいる

du enthältst
er enthält

[enthielt - enthalten]

ab|hängen
[áphɛŋən]
アップヘンゲン

動 (von 〜³)次第である

[hing...ab - abgehangen]

sich gewöhnen
[zɪç gəvǿ:nən]
ズィヒ ゲヴェーネン

動 (an 〜⁴に)慣れる

funktionieren
[fʊŋktsĭoní:rən]
フンクツィオニーレン

動 機能する

behalten*
[bəháltən]
ベハルテン

動 (〜⁴を)持っておく

du behältst
er behält

[behielt - behalten]

Er hat das Glas wieder mit Rotwein gefüllt.

彼はグラスをまた赤ワインで満たしました。

Mein Wunsch wird bald erfüllt.

私の願いはまもなくかなえられます。

Bitte weck mich um halb 7!

6時半に起こして！

Das Haus ist alt, aber in gutem Zustand.

その家は古いですが良い状態です。

Die Firma befindet sich im Zentrum.

その会社は中心部にあります。

Das Getränk enthält Alkohol.

その飲み物にはアルコールが含まれています。

Das hängt von dir ab.

それは君次第だよ。

Ich habe mich an das Leben hier gewöhnt.

私はここでの暮らしに慣れました。

Das Gerät funktioniert nicht.

その機器は作動しません。

Du kannst diese CD behalten.

この CD は君が持っていていいよ。

bescheiden
[bəʃáidən]
ベシャイデン

圏 控えめな

geduldig
[gədúldıç]
ゲドゥルディヒ

圏 忍耐強い

brav
[bra:f]
ブラーフ

圏 行儀のよい, おとなしい

höflich
[hǿ:flıç]
ヘーフリヒ

圏 礼儀正しい, 丁寧な

nervös
[nɛrvǿ:s]
ネルヴェース

圏 神経質な, いらいらした

geizig
[gáitsıç]
ガイツィヒ

圏 けちな

mutig
[mú:tıç]
ムーティヒ

圏 勇気のある

neugierig
[nɔ́ɣgi:rıç]
ノイギーリヒ

圏 好奇心の強い

aufmerksam
[áufmɛrkza:m]
アオフメルクザーム

圏 注意深い

~⁴ auf ...⁴ aufmerksam machen :
~に…を気づかせる

vorsichtig
[fó:ɐ̆zıçtıç]
フォーアズィヒティヒ

圏 用心深い

vernünftig
[fɛɐ̆nýnftıç]
フェアニュンフティヒ

圏 理性的な

Warum sind die Japaner so bescheiden?	なぜ日本人はそんなに謙虚なのですか。
Die Kinder warten geduldig.	子どもたちは辛抱強く待っています。
Sei brav!	お行儀よくしなさい！
Ich finde die Japaner höflich.	私は日本人は礼儀正しいと思います。
Warum bist du so nervös?	なぜ君はそんなにいらいらしているの？
Mein Nachbar ist sehr geizig.	私の隣人はとてもけちです。
Er ist ein mutiger Mensch.	彼は勇敢な人です。
Der Schüler ist besonders neugierig.	その生徒はとりわけ好奇心が強いです。
Die Kinder hören dem Lehrer aufmerksam zu.	子どもたちは先生の話を注意深く聞きます。
Seien Sie bitte vorsichtig!	気をつけて下さい！
Denk doch vernünftig!	理性的に考えてよ！

ernst
[ɛrnst]
エルンスト

㊌ 真剣な

treu
[trɔʏ]
トロイ

㊌ 忠実な，誠実な

ehrlich
[éːĕlɪç]
エーアリヒ

㊌ 正直な，ほんとうの

> ehrlich gesagt :
> 正直に言って

freiwillig
[fráivɪlɪç]
フライヴィリヒ

㊌ 自由意志による

🎧 表現力アップ [ひと・ものの状態・性質]

080 **wach**
[vax]
ヴァッハ

㊌ 目が覚めている

munter
[múntɐ]
ムンター

㊌ 快活な，目が覚めている

lebendig
[lebéndɪç]
レベンディヒ

㊌ 生き生きした，生きている

lebhaft
[léːphaft]
レープハフト

㊌ 活発な

fröhlich
[frǿːlɪç]
フレーリヒ

㊌ 陽気な，楽しげな

gespannt
[gəʃpánt]
ゲシュパント

㊌ 期待に満ちた

locker
[lɔ́kɐ]
ロッカー

㊌ リラックスした

174

Sie machte ein ernstes Gesicht.	彼女は真剣な顔をしました。
Ich werde dir immer treu sein!	私は君にいつも誠実でいるつもりだよ！
Er ist ein ehrlicher Mann. Ehrlich?	彼は正直な男性です。 ほんとうなの？
Das sind freiwillige Hausaufgaben.	これらは自由意志による（強制ではない）宿題です。

Ich wurde um 5 Uhr wach.	私は5時に目が覚めました。

wach werden：
目が覚める

Heute sieht er besonders munter aus.	今日彼はとりわけ元気に見えます。
Palermo ist eine lebendige Stadt.	パレルモは活気のある町です。
Die Kinder spielen sehr lebhaft.	子どもたちはとても元気に遊んでいます。
In seiner Familie sind alle fröhlich.	彼の家族はみな陽気です。
Ich bin gespannt auf das Ergebnis.	私は結果を心待ちにしています。

auf ~⁴ gespannt sein：
～を心待ちにしている

Er sitzt locker auf dem Sofa.	彼はリラックスしてソファーに座っています。

abhängig [áphɛŋɪç] アップヘンギヒ	彫 依存した
ängstlich [ɛ́ŋstlɪç] エングストリヒ	彫 不安そうな，おくびょうな
blass [blas] ブラス	彫 （顔色などが）青ざめた
einsam [áinzaːm] アインザーム	彫 孤独な
stumm [ʃtʊm] シュトゥム	彫 黙っている
mager [máːgɐ] マーガー	彫 やせた
nackt [nakt] ナックト	彫 裸の
betrunken [bətrúŋkən] ベトルンケン	彫 酔っぱらった
schwanger [ʃváŋɐ] シュヴァンガー	彫 妊娠している
verliebt [fɛɐ̆líːpt] フェアリープト	彫 熱愛している
populär [populéːɐ̆] ポプレーア	彫 人気のある，よく知られた

Der Student ist noch von seinen Eltern abhängig.

その学生はまだ両親に頼っています。

von ~³ abhängig sein：～に依存している

Diese Katze ist ängstlich.

この猫はおくびょうです。

Warum bist du so blass?

なぜ君はそんなに青ざめているの？

Ich fühle mich einsam.

私は寂しいです。

Er bleibt stumm.

彼は黙ったままです。

Er ist zu mager.

彼はやせすぎです。

Die Kinder baden nackt.

子どもたちは裸で泳ぎます。

Mein Vater ist betrunken nach Hause gekommen.

私の父は酔っぱらって帰宅しました。

Meine ältere Schwester ist schwanger.

私の姉は妊娠しています。

Mein älterer Bruder ist in meine beste Freundin verliebt.

私の兄は私の親友に恋をしています。

in ~⁴ verliebt sein：～に夢中になっている

Das Lied ist in Japan sehr populär.

その歌は日本ではとてもよく知られています。

intensiv [ɪntɛnzíːf] インテンズィーフ	形 集中的な
positiv [póːzitiːf] ポーズィティーフ	形 肯定的な
negativ [néːgatiːf] ネーガティーフ	形 否定的な
merkwürdig [mérkvʏrdɪç] メルクヴュルディヒ	形 奇妙な
deutlich [dɔ́ʏtlɪç] ドイトリヒ	形 はっきりした
fließend [flíːsənt] フリーセント	形 流ちょうな
ordentlich [ɔ́rdəntlɪç] オルデントリヒ	形 きちんとした
durcheinander [dʊrçǀainándɐ] ドゥルヒアイナンダー	副 入り乱れて，取り乱して
ausführlich [áusfyːˇlɪç] アオスフューアリヒ	形 くわしい
fest [fɛst] フェスト	形 堅い，固定した
feucht [fɔʏçt] フォイヒト	形 湿った

Ich lerne gerade intensiv Deutsch.　私は今，集中的にドイツ語を勉強しています。

Er denkt immer positiv.　彼はいつも肯定的に考えます。

Warum siehst du alles so negativ?　なぜ君はすべてをそんなに否定的に見るの？

Er hat mir ein paar merkwürdige Fragen gestellt.　彼は私にいくつかの奇妙な質問をしました。

Sprechen Sie bitte deutlich.　はっきりと話してください。

Er spricht fließend Französisch.　彼は流ちょうにフランス語を話します。

Sein Zimmer ist immer ordentlich.　彼の部屋はいつも整とんされています。

Monikas Zimmer ist durcheinander.　モニカの部屋はちらかっています。

Können Sie mir das noch ausführlicher erklären?　これをもう少しくわしく説明していただけますか。

Kinder, schließt die Tür fest!　子どもたち，ドアをきちんと閉めなさい！

In Japan ist es im Sommer sehr feucht.　日本では夏は大変湿度が高いです。

gebraucht [gəbráuxt] ゲブラオホト	形 中古の
dicht [dɪçt] ディヒト	形 密な 副 密接して
schmal [ʃmaːl] シュマール	形 幅の狭い，（人が）ほっそりした
kompliziert [kɔmplitsíːĕt] コムプリツィーアト	形 複雑な
normal [nɔrmáːl] ノルマール	形 標準の，ふつうの
normalerweise [nɔrmáːlɐváizə] ノルマーラーヴァイゼ	副 ふつうは，通常は
gewöhnlich [gəvǿːnlɪç] ゲヴェーンリヒ	形 ふつうの，日常の
regelmäßig [réːgəlmɛːsɪç] レーゲルメースィヒ	形 規則正しい，いつも
allgemein [álgəmáin] アルゲマイン	形 一般的な
unterschiedlich [úntɐʃiːtlɪç] ウンターシートリヒ	形 異なった

Ich kaufe einen gebrauchten Wagen. 私は中古車を買います。

Er wohnt im dichten Wald. 彼はうっそうとした森に暮らしています。

Die Katze schläft dicht bei mir. 猫は私にぴったりくっついて寝ています。

Wir gehen über die schmale Brücke. 私たちはその幅の狭い橋を渡ります。

Das ist kein kompliziertes Problem. これは複雑な問題ではありません。

In Japan ist das ganz normal. 日本ではそれはまったく普通のことです。

Ich fahre normalerweise mit dem Fahrrad zur Arbeit. 私はふつうは自転車で出勤します。

Wie gewöhnlich ist er um 6 Uhr aufgestanden. いつものように彼は6時に起きました。

wie gewöhnlich：いつものように

Ich stehe regelmäßig um 7 Uhr auf. 私はいつも7時に起きます。

Er hat im Allgemeinen recht. 彼はだいたいにおいて正しいです。

im Allgemeinen：一般に，だいたいにおいて

Die zwei Katzen sind unterschiedlich. Eine spielt gern, die andere schläft nur. その2匹の猫はそれぞれ違っています。1匹は遊ぶのが好きでもう1匹は寝てばかりです。

ursprünglich [úːɐ̯ʃprʏŋlɪç] ウーアシュプリュングリヒ	形 もとの，もともとは
historisch [hɪstóːrɪʃ] ヒストーリシュ	形 歴史の
kulturell [kʊlturél] クルトゥレル	形 文化的な
klassisch [klásɪʃ] クラスィシュ	形 古典様式の
altmodisch [áltmoːdɪʃ] アルトモーディシュ	形 時代遅れの
weltweit [véltvait] ヴェルトヴァイト	形 世界的な
europäisch [ɔʏropéːɪʃ] オイロペーイシュ	形 ヨーロッパの
ausländisch [áuslendɪʃ] アオスレンディシュ	形 外国の
öffentlich [œ́fəntlɪç] エッフェントリヒ	形 公共の
privat [priváːt] プリヴァート	形 私的な
persönlich [pɛrzǿːnlɪç] ベルゼーンリヒ	形 個人的な

Ursprünglich wollte ich hier nicht wohnen.	もともとは私はここに住みたくありませんでした。
Ich lese gern historische Romane.	私は歴史小説を読むのが好きです。
Hier ist das kulturelle Zentrum Österreichs.	ここはオーストリアの文化的中心地です。
Ich höre lieber klassische Musik.	私はクラシック音楽を聞く方が好きです。
Der Rock ist altmodisch.	そのスカートは流行遅れです。
Der Musiker ist weltweit bekannt.	その音楽家は世界的に有名です。
In den europäischen Ländern ist Motorsport populär.	ヨーロッパの国々ではモータースポーツが人気です。
Hier gibt es viele ausländische Restaurants.	ここにはたくさんの外国料理のレストランがあります。
Das ist ein öffentliches Gebäude.	これは公共の建物です。
In Japan gibt es viele private Schulen.	日本にはたくさんの私立学校があります。
Ich kenne den Politiker persönlich.	私はその政治家を個人的に知っています。

original [originá:l] オリギナール	彫 本物の
originell [originél] オリギネル	彫 独創的な
typisch [tý:pɪʃ] テューピシュ	彫 典型的な
sinnvoll [zínfɔl] ズィンフォル	彫 有意義な
automatisch [automá:tɪʃ] アオトマーティシュ	彫 自動式の
zart [tsa:rt] ツァールト	彫 きゃしゃな，やわらかい
fein [fain] ファイン	彫 細かい，繊細な，良質の，洗練 された
geschickt [gəʃíkt] ゲシックト	彫 器用な
wild [vɪlt] ヴィルト	彫 野生の

🎧 **表現力アップ [色]**

081

golden [góldən] ゴルデン	彫 金の，金色の
silbern [zílbɐn] ズィルバーン	彫 銀の，銀色の

Das ist original Münchner Weißwurst.

副詞的に語尾なしで用いられる場合もある。

これは本物のミュンヘンの白ソーセージです。

Das ist ein origineller Roman.

これは独創的な小説です。

Zeigen Sie mir bitte ein typisches Beispiel dafür.

私にそれについての典型的な例を示してください。

für ~⁴ typisch sein : ~に典型的である

Es ist nicht sinnvoll, über das Problem weiter zu diskutieren.

その問題についてこれ以上議論するのは有意義ではありません。

Diese Tür öffnet sich automatisch.

このドアは自動的に開きます。

Sie hat zarte Hände.

彼女はきゃしゃな手をしています。

In diesem Laden kann man feinen Käse kaufen.

この店では良質のチーズが買えます。

Das Kind ist sehr geschickt.

その子どもはとても器用です。

In diesem Wald leben viele wilde Tiere.

この森には多くの野生動物が暮らしています。

Diese goldene Uhr ist sehr teuer.

この金の時計はとても高価です。

Ich schenke meiner Nichte einen silbernen Löffel.

私はめいに銀のスプーンをプレゼントします。

violett
[vĭolét]
ヴィオレット

圏 スミレ色の

082

attraktiv
[atraktíːf]
アトラクティーフ

圏 魅力的な

sympathisch
[zʏmpáːtɪʃ]
ズュムパーティシュ

圏 好感の持てる

ausgezeichnet
[áusgətsaiçnət]
アオスゲツァイヒネト

圏 優秀な，抜群の

herrlich
[hérlɪç]
ヘルリヒ

圏 すばらしい

wunderschön
[vúndɐʃøːn]
ヴンダーシェーン

圏 とてもきれいな

prima
[príːma]
プリーマ

圏 すばらしい，すてきな

elegant
[elegánt]
エレガント

圏 優雅な

recht
[rɛçt]
レヒト

圏 正しい

nützlich
[nýtslɪç]
ニュッツリヒ

圏 役に立つ

notwendig
[nóːtvɛndɪç]
ノートヴェンディヒ

圏 (どうしても)必要な，必然的な

Sie trägt einen violetten Rock.

彼女はスミレ色のスカートをはいています。

Die Damen hier sind alle attraktiv.

ここにいるご婦人方はみな魅力的です。

Ich glaube, sie ist sympathisch.

私は彼女は感じがいいと思います。

Sie spielt ausgezeichnet Klavier.

彼女はすばらしく上手にピアノを弾きます。

Das Wetter ist herrlich!

すばらしくいい天気です！

Die Sterne am Himmel sind wunderschön.

空の星がとてもきれいです。

Wie war der Film?—Prima!

映画はどうだった？──すばらしかった！

Sie trägt einen eleganten Mantel.

彼女はエレガントなコートを着ています。

Das ist der rechte Weg zum Bahnhof.

これは駅への正しい道です。

Das Buch ist sehr nützlich.

その本はとても役に立ちます。

Bei einer Wanderung sind feste Schuhe notwendig.

ハイキングの際には丈夫な靴が必要です。

günstig [gýnstıç] ギュンスティヒ	形 有利な，好都合な
gemütlich [gəmýːtlıç] ゲミュートリヒ	形 居心地のよい
anstrengend [ánʃtrɛŋənt] アンシュトレンゲント	形 骨の折れる
selbstverständlich [zélpstfɛɐ̯ʃtentlıç] ゼルプストフェアシュテントリヒ	形 当然の，もちろん
offenbar [ɔ́fənbaːr] オッフェンバール	形 明らかな，どうやら〜らしい
gewiss [gəvís] ゲヴィス	形 確信している，確かな
sicherlich [zíçɐlıç] ズィッヒャーリヒ	副 確かに，きっと
unmöglich [ónmøːklıç] ウンメークリヒ	形 不可能な，ありえない

🎧 **表現力アップ [位置・場所]**

083

außerhalb [áusɐhalp] アオサーハルプ	前 (空間的・時間的に) 〜² の外に (で)
innerhalb [ínɐhalp] イナーハルプ	前 (空間的・時間的に) 〜² の内に (で)

3格の代名詞と結び
つく場合もある。

188

Dieser Mantel ist schön und auch günstig.

このコートはすてきで値段も手ごろです。

Mach es dir gemütlich!

くつろいでね。

es sich³ gemütlich machen：くつろぐ

Das ist aber eine anstrengende Arbeit!

これはほんとうに骨の折れる仕事です！

Bist du dir sicher?—Selbstverständlich!

確かなの？——もちろん！

Das Museum ist heute offenbar geschlossen.

その博物館はどうやら今日は閉まっているようです。

Ich bin mir gewiss, dass er das tun kann.

私は彼はそれができると確信しています。

Er ist gewiss tüchtig, aber...

彼は確かに有能ですが…

gewiss ~ aber…：確かに~だがしかし…

Das Geschenk wird ihm sicherlich gefallen.

その贈り物をきっと彼は気に入るでしょう。

Dein Plan ist unmöglich.

君の計画は実行不可能だ。

Meine Eltern wohnen außerhalb der Stadt.

私の両親は郊外に住んでいます。

Er kommt innerhalb einer Stunde.

彼は1時間以内に来ます。

heraus [hɛráus] ヘラオス	副 (外から見て)外へ
hinein [hɪnáin] ヒナイン	副 (外から見て)中へ
hinaus [hɪnáus] ヒナオス	副 (中から見て)外へ
herein [hɛráin] ヘライン	副 (中から見て)中へ
inner [ínɐ] イナー	形 内部の
ober [ó:bɐ] オーバー	形 上部の
außen [áusən] アオセン	副 外で(に)
innen [ínən] イネン	副 中で(に)
zentral [tsɛntrá:l] ツェントラール	形 中心の
vorwärts [fó:ɐ̃vɛrts] フォーアヴェルツ	副 前方へ
drüben [drý:bən] ドリューベン	副 向こう側で(に)

Heraus aus dem Bett!	起きなさい！
Hinein ins Bett!	寝なさい！
Hinaus aus meinem Zimmer!	私の部屋から出て行って！
Kommen Sie bitte **herein**!	中へお入りください！
Auch die **innere** Seite des Fensters ist schmutzig.	窓の内側も汚れています。
Wir wohnen im **oberen** Stockwerk des Gebäudes.	私たちはこの建物の上階に住んでいます。
Wir können das Gebäude nur von **außen** besichtigen.	私たちはその建物を外からしか見学できません。
Innen ist es sehr kühl.	中はとても涼しいです。
Seine Wohnung liegt **zentral**.	彼の住まいは町の中心にあります。
Wir müssen immer **vorwärts** gehen.	私たちは常に前に進まなければいけません。
Siehst du den Turm da **drüben**?	向こう側にある塔が見える？

irgendwo [írgəntvóː] イルゲントヴォー	圓 どこかで
überall [ýːbɐ|al] ユーバーアル	圓 いたるところで

🎧 表現力アップ [時・順序]
084

monatlich [móːnatlɪç] モーナトリヒ	形 毎月の
damals [dáːmaːls] ダーマールス	圓 その頃
neulich [nɔ́ʏlɪç] ノイリヒ	圓 先日
je [jeː] イェー	接 (desto 比較級と) 〜であればある ほどいっそう… 圓 かつて 前 〜⁴ につき je nach 〜³: 〜に応じて
vorher [fóːɐ̯heːɐ̯] フォーアヘーア	圓 以前に，前もって
voraus [foráus] フォラオス	圓 先行して，あらかじめ
längst [lɛŋst] レングスト	圓 とっくに

Haben wir uns schon irgendwo gesehen?

すでにどこかでお会いしたことがありますか。

An Silvester sieht man überall Feuerwerke.

おおみそかにはいたるところで花火が見られます。

Ich bezahle monatlich 500 Euro Miete.

私は家賃を毎月 500 ユーロ支払っています。

Damals lebte ich in der Schweiz.

その頃私はスイスに住んでいました。

Neulich habe ich einen alten Freund gesehen.

先日私は旧友に会いました。

Je kälter es wird, desto klarer wird die Luft.

寒くなればなるほどいっそう澄んだ空気になります。

Hast du so eine komische Geschichte je gehört?

そんな奇妙な話を今までに聞いたことがある？

Man bekommt je Kind 80 Euro Kindergeld.

子ども一人につき 80 ユーロの児童手当がもらえます。

Hättest du mir das doch vorher gesagt!

それを前もって言ってくれていたら！

wenn が省略されている文 (= Wenn du mir das doch vorher gesagt hättest!)

Ich danke Ihnen im Voraus für Ihre Hilfe.

あなたのご助力にあらかじめ感謝いたします。

im Voraus [fóːraus] フォーラオス：あらかじめ

Das ist schon längst vorbei.

それはもうとっくに終わったことです。

bereits [bəráits] ベライツ	副 すでに
bisher [bɪshéːɐ] ビスヘーア	副 今まで
inzwischen [ɪntsvíʃən] インツヴィッシェン	副 その間に，そうこうするうちに
zugleich [tsugláiç] ツーグライヒ	副 同時に
eben [éːbən] エーベン	副 ちょうど今 形 平らな
eher [éːɐ] エーアー	副 より早く，むしろ
nachher [naːxhéːɐ] ナーハヘーア	副 あとで Bis nachher! : またあとで！
irgendwann [írgəntván] イルゲントヴァン	副 いつか
jederzeit [jéːdɐtsáit] イェーダーツァイト	副 いつでも
stets [ʃteːts] シュテーツ	副 いつも

Meine Tochter ist bereits ausgegangen.　私の娘はすでに外出しました。

Bisher gibt es kein Problem.　今まで何の問題もありません。

Inzwischen haben wir uns an das Leben hier gewöhnt.　そうこうするうちに私たちはここでの暮らしに慣れました。

Wir haben zugleich das Ziel erreicht.　私たちは同時にゴールインしました。

Er ist eben gekommen.　彼はちょうど今やって来ました。

Norddeutschland ist im Allgemeinen ein ebenes Land.　北ドイツはだいたいにおいて平地です。

Mein Mann steht eher auf als ich.　私の夫は私よりも早起きです。

Isst du gern Fleisch? Ich mag eher Fisch.　君は肉が好きなの？　私はむしろ魚が好き。

Gehen wir nachher ins Café.　あとで喫茶店に行きましょう。

Ich möchte irgendwann Deutschland besuchen.　私はいつかドイツを訪れたいです。

Du kannst mich jederzeit besuchen.　君はいつでも私を訪ねてきていいよ。

Er ist stets höflich.　彼はいつも礼儀正しいです。

ewig [éːvɪç] エーヴィヒ	形 永遠の，非常に長い間
zunächst [tsunéːçst] ツネーヒスト	副 まず第一に，さしあたり
folgend [fɔ́lgənt] フォルゲント	形 次の
zuletzt [tsulétst] ツレツト	副 最後に
schließlich [ʃlíːslɪç] シュリースリヒ	副 最後に，ついに

circa/zirka (ca.) [tsírka] ツィルカ	副 約，およそ
knapp [knap] クナップ	形 かろうじて足りる，〜弱
gering [gəríŋ] ゲリング	形 わずかな，重要でない
häufig [hɔ́ʏfɪç] ホイフィヒ	形 たびたびの
heftig [héftɪç] ヘフティヒ	形 激しい
unglaublich [ʊngláuplɪç] ウングラオプリヒ	形 信じられない，ものすごく

Seine Rede dauert ewig.

彼の演説は果てしなく続きます。

Zunächst trinke ich Weißwein.

まず私は白ワインを飲みます。

Am folgenden Tag kam er zu mir.

次の日彼は私のところにやって来ました。

Er kommt immer zuletzt.

彼はいつも最後にやって来ます。

Schließlich hat er eine Stelle
bekommen.

ついに彼は職を手に入れました。

Das Gebäude ist circa 10 Meter hoch.

その建物は高さ約10メートルです。

Das Konzert dauerte knapp zwei
Stunden.

コンサートは2時間弱でした。

Das Thema spielt hier nur eine
geringe Rolle.

そのテーマはここではたいして重要ではありません。

In Deutschland haben Züge häufig
Verspätung.

ドイツでは列車はたびたび遅延します。

Es regnet heftig.

雨が激しく降っています。

Diese Uhr ist unglaublich teuer!

この時計は信じられないくらい高価です。

schrecklich [ʃréklɪç] シュレックリヒ	彫 恐ろしい，ものすごく
keineswegs [káinəsvéːks] カイネスヴェークス	副 決して~ない
zumindest [tsumíndəst] ツミンデスト	副 少なくとも(事柄について)
mindestens [míndəstəns] ミンデステンス	副 少なくとも(事柄・数量について)
wenigstens [véːnɪçstəns] ヴェーニヒステンス	副 少なくとも(事柄・数量について)
höchstens [hǿːçstəns] ヘーヒステンス	副 せいぜい
beinahe [báinaːə] バイナーエ	副 ほとんど，(接続法Ⅱ式の文で) 危うく
möglichst [mǿːklɪçst] メークリヒスト	副 できるだけ
absolut [apzolúːt] アプゾルート	彫 絶対的な，まったく
durchaus [dʊrçǀáus] ドゥルヒアオス	副 まったく

Er hat mir eine schreckliche Geschichte erzählt.

彼は私に恐ろしい話をしました。

Im Winter ist es hier schrecklich kalt.

冬，ここはものすごく寒いです。

Bist du müde?—Keineswegs!

眠いの？──全然そんなことないよ！

Zumindest hätte sie mich vorher anrufen sollen.

少なくとも彼女は私に前もって電話すべきだったのに。

Der Ring muss mindestens 1000 Euro kosten.

その指輪は少なくとも 1000 ユーロはするに違いありません。

Er soll mir wenigstens Danke schön sagen.

彼は少なくとも私にありがとうと言うべきです。

Der Film dauert höchstens eineinhalb Stunden.

その映画はせいぜい 1 時間半です。

Das ist beinahe richtig.

それはほぼ正しいです。

Beinahe wäre ich zu spät gekommen.

危うく私は遅刻するところでした。

Lauf möglichst schnell!

できるだけ早く走れ！

Der Kranke braucht absolute Ruhe.

その患者は絶対安静です。

Das ist durchaus richtig.

それはまったく正しいです。

total [totá:l] トタール	彫 完全な，すっかり
völlig [fǿlɪç] フェーリヒ	彫 完全な，まったくの
vollkommen [fɔlkɔ́mən] フォルコメン	彫 完全な，完璧な，まったくの

vollkommen [fɔ́lkɔmən] とも発音。
「まったくの」という意味では **vollkommen**。

gesamt [ɡəzámt] ゲザムト	彫 全体の
insgesamt [ɪnsɡəzámt] インスゲザムト	副 全部で
gemeinsam [ɡəmáinza:m] ゲマインザーム	彫 共通の，共同の
miteinander [mɪt|ainándɐ] ミットアイナンダー	副 お互いに，一緒に
einzeln [áintsəln] アインツェルン	彫 個々の
übrig [ýːbrɪç] ユーブリヒ	彫 残っている

🎧 **表現力アップ [回数]**

086 **nochmals**
[nɔ́xma:ls]
ノッホマールス　　　　副 もう一度

Das ist ein totaler Fehler.	これは完全な誤りです。
Ich habe den Termin total vergessen.	私は約束をすっかり忘れていました。
Es ist mir völlig egal.	それは私にとってまったくどうでもいいです。
Ihre Antwort ist vollkommen richtig.	あなたの答えはまったく正しいです。
Das ist mein gesamtes Geld.	これは私の全財産です。
Heute sind insgesamt 9 Babys hier geboren.	今日は全部で9人の赤ちゃんがここで生まれました。
Die Küche benutzen wir gemeinsam.	台所を私たちは共同で使っています。
Wir haben in Ruhe miteinander gesprochen.	私たちは落ち着いて話し合いました。
Ich beantworte auch einzelne Fragen.	私は個別の質問にもお答えします。
Nur wir drei waren dort übrig.	私たち3人だけがそこに残っていました。
Ich probiere es nochmals.	私はそれをもう一度やってみます。

sogenannt
[zó:gənant]
ゾーゲナント

㉙ いわゆる

dass
[das]
ダス

㉘ ～ということ

wenn
[vɛn]
ヴェン

㉘ もし～ならば，～するときはいつでも

falls
[fals]
ファルス

㉘ ～の場合には

als
[als]
アルス

㉘ ～したとき，（als または als ob で）まるで～かのように（主に接続法Ⅱ式の文で）

nachdem
[na:xdé:m]
ナーハデーム

㉘ ～したあとで

da
[da:]
ダー

㉘ ～だから

> 聞き手も知っている事を理由として述べるとき用いる。

weil
[vail]
ヴァイル

㉘ ～なので

sodass
[zodás]
ゾダス

> または
> **so dass**
> [zo: das]
> ゾーダス

㉘ だから，その結果

ob
[ɔp]
オップ

㉘ ～かどうか

Dort steht der sogenannte Maibaum.	あそこにいわゆるメイポールが立っています。
	Maibaum：5月祭の飾り柱
Ich weiß, dass sie eine berühmte Schriftstellerin ist.	私は彼女が有名な作家であるということを知っています。
Wenn es morgen schneit, gehe ich nicht zur Arbeit.	もし明日雪が降ったら私は仕事に行きません。
Falls du Hunger hast, gehen wir etwas essen.	もしお腹がすいているのなら何か食べに行こう。
Als ich nach Hause kam, waren meine Kinder schon im Bett.	私が帰宅したとき子どもたちはもうすでに寝ていました。
Er spielt so leidenschaftlich Klavier, als ob er ein berühmter Pianist wäre. (=als wäre er ein berühmter Pianist.)	彼はまるで有名なピアニストであるかのように情熱的にピアノを弾きます。
Ich will Hausaufgaben machen, nachdem ich ferngesehen habe.	私はテレビを見たあとで宿題をするつもりです。
Da das Wetter schlecht ist, kommen nur wenige Kunden.	天気が悪いのでお客さんはほとんど来ません。
Ich bleibe zu Hause, weil ich Kopfschmerzen habe.	私は頭が痛いので家にとどまります。
Er fühlte sich nicht wohl, sodass er zu Hause blieb.	彼は気分がすぐれなかったので家にとどまりました。
Ich weiß nicht, ob er noch in dieser Stadt wohnt.	私は彼がまだこの町に住んでいるかどうか知りません。

obwohl [ɔpvóːl] オップヴォール	接 ～にもかかわらず
bevor [bəfóːɐ̆] ベフォーア	接 ～する前に
seitdem [zaitdéːm] ザイトデーム	接 ～して以来 副 それ以来
sobald [zobált] ゾバルト	接 ～するとすぐ
solange [zoláŋə] ゾランゲ	接 ～する間は，～する限りは
bis [bɪs] ビス	接 ～するまで
indem [ɪndéːm] インデーム	接 ～することによって
soviel [zofíːl] ゾフィール	接 ～の限りでは
soweit [zováit] ゾヴァイト	接 ～の限りでは
damit [damít] ダミット 指示的意味の強い時は **damit** [dáːmɪt] ダーミット と発音。	接 ～するために 副 (mit＋事物を表す代名詞) それを持って，それを用いて

Wir machen einen Ausflug, obwohl es regnet.

雨が降っているにもかかわらず私たちは遠足に行きます。

Putz dir die Zähne, bevor du ins Bett gehst!

寝る前に歯を磨きなさい！

Seitdem er in Deutschland wohnt, nimmt er ständig zu.

彼はドイツに住んで以来，体重が増え続けています。

Ruf mich an, sobald du am Bahnhof angekommen bist.

駅に到着したらすぐ私に電話して。

Solange ich auf dem Land wohne, brauche ich unbedingt ein Auto.

私が田舎に住んでいる間は絶対に車が必要です。

Wir warten noch, bis der Regen aufhört.

雨がやむまで私たちはまだ待ちます。

Ich habe abgenommen, indem ich aufgehört habe, Bier zu trinken.

私はビールを飲むのをやめることによってやせました。

Soviel ich weiß, will er eine Japanerin heiraten.

私が知る限りでは彼は日本人と結婚するつもりです。

Soweit ich weiß, ist er noch ledig.

私が知る限りでは彼はまだ独身です。

Ich mache Frühstück, damit meine Frau länger schlafen kann.

私は妻がより長く寝られるように朝食を作ります。

Das ist mein neues Fahrrad. Damit fahre ich zur Arbeit.

これは私の新しい自転車です。これで私は仕事へ行きます。

sowohl
[zovóːl]
ゾヴォール

接 (sowohl ～ als または wie [auch] ... の形で) ～と同様に…も

um (zu 不定詞(句) と)
[ʊm]
ウム

接 ～するために

ohne (zu 不定詞(句) と)
[óːnə]
オーネ

接 ～することなしに

statt (zu 不定詞(句) と)
[ʃtat]
シュタット

接 ～するかわりに

文や単語をつなぐ [副詞]

089

nämlich
[néːmlɪç]
ネームリヒ

副 というのは，つまり

jedoch
[jedóx]
イェドッホ

副 しかしながら

desto
[désto]
デスト

副 (je＋比較級に対応して) それだけいっそう

allerdings
[álɐdíŋs]
アラーディングス

副 もちろん，ただし

daher
[dahéːɐ]
ダヘーア

副 それゆえ

vielmehr
[fíːlmeːɐ]
フィールメーア

副 (～というより) むしろ

Der Spieler ist sowohl bekannt als auch sehr beliebt.	その選手は有名であると同時にとても人気があります。
Er lernt Deutsch, um in Deutschland zu studieren.	彼はドイツの大学で学ぶためにドイツ語を勉強しています。
Er hat die teure Uhr gekauft, ohne zu zögern.	彼はためらうことなくその高価な時計を買いました。
Er hat den ganzen Tag ferngesehen, statt zu arbeiten.	彼は仕事をするかわりに一日中テレビを見ていました。
Der Student ist abwesend, er ist nämlich krank.	その学生は欠席しています。というのも病気だからです。
Er ist nicht fleißig, jedoch bekommt er gute Noten.	彼は勤勉ではありませんが良い成績をもらいます。
Je älter die Katze wird, desto länger schläft sie.	その猫は年を取るにつれていっそう長く寝ます。

je ～（比較級）, desto …（比較級）:
～であればあるほどいっそう…である

Kannst du auch Gitarre spielen? —Allerdings!	ギターも弾けるの？ ——もちろん！
Er lächelt immer, allerdings nicht von Herzen.	彼はいつも微笑んでいます。ただし心からではありません。
Mein Fahrrad ist kaputt. Daher fahre ich mit der Bahn.	私の自転車は壊れています。それゆえ私は電車で行きます。
Er ist nicht bescheiden, sondern vielmehr stumm.	彼は謙虚というよりむしろ無口です。

sowieso [zoviːzóː] ゾヴィゾー	副 どっちみち
genauso [gənáuzoː] ゲナオゾー	副 まったく同じように
ebenfalls [éːbənfals] エーベンファルス	副 同様に
ebenso [éːbənzoː] エーベンゾー	副 同じくらい

der [deːɐ] デア 指示代名詞として 用いられる場合は [deːɐ] デーア。	代(関) ～であるところの (指) その人，それ ※以下，関係代名詞，指示代名詞が定 冠詞と同じにならない形のみを掲載。 231 ページ参照
deren [déːrən] デーレン	代(関) 女性・複数 2 格 (指) その人(たち)の，それ(ら)の
dessen [désən] デッセン	代(関) 男性・中性 2 格 (指) その人の，それの
denen [déːnən] デーネン	代(関) 複数 3 格 (指) その人たちに，それらに

wer [veːɐ] ヴェーア	代(関) ～する人 2 格：wessen　3 格：wem 4 格：wen

Gehen wir langsam! Denn wir verpassen sowieso den Zug.	ゆっくり行きましょう。どっちみち電車に間に合わないのですから。
Mein Sohn ist genauso groß wie ich.	私の息子は私とまったく同じ背丈です。
Ich hatte Grippe, meine Tochter ebenfalls.	私はインフルエンザにかかっていました。私の娘も同様に。
Ich spiele ebenso gut Geige wie Klavier.	私はバイオリンをピアノと同じくらい上手に弾けます。
Dort wohnt der Student, der aus Paris kommt.	あそこにパリ出身の学生が住んでいます。
Dort wohnt ein Student. Der kommt aus Paris.	あそこに学生が住んでいます。その人はパリ出身です。
Die Studentin, deren Mutter Ärztin ist, studiert Medizin.	母親が医者のその学生は医学を専攻しています。
Die Studentin studiert Medizin. Deren Mutter ist Ärztin.	その学生は医学を専攻しています。その人のお母さんは医者です。
Der Mann, dessen Sohn Anwalt ist, wohnt hier.	息子が弁護士であるその男性はここに住んでいます。
Die Kinder, denen ich Bücher geschenkt habe, besuchen diese Schule.	私が本を贈った子どもたちはこの学校に通っています。
Wer regelmäßig lebt, kann lange leben.	規則正しく生活する人は長生きできます。

was	代(関) 〜するもの(こと)
[vas] ヴァス	

> alles, nichts, etwas など
> の先行詞を受ける場合もある。

wo(r)＋前置詞 ──── 前置詞＋was の融合形

worauf	副 何の上に(へ), 何に対して
[voráuf] ヴォラオフ	(＝auf was)

> 強調する場合はすべて
> wo の部分にアクセント
> 例：**worauf**
> [vóːrauf]
> ヴォーラオフ

wofür	副 何のために
[vofýːɐ] ヴォフューア	(＝für was)

womit	副 何を使って
[vomít] ヴォミット	(＝mit was)

worüber	副 何について
[vorýːbɐ] ヴォリューバー	(＝über was)

worum	副 何をめぐって
[vorúm] ヴォルム	(＝um was)

wovon	副 何について
[vofɔ́n] ヴォフォン	(＝von was)

wozu	副 何のために
[votsúː] ヴォツー	(＝zu was)

da(r)＋前置詞 ──── 前置詞＋事物をあらわす代名詞

daran	副 そこで(へ), それについて
[darán] ダラン	

> 指示的意味が強いと
> きはすべて da の部
> 分にアクセント
> 例：**daran**
> [dáːran]
> ダーラン

darauf	副 その上で(へ)
[daráuf] ダラオフ	

Was er gesagt hat, konnte ich gar nicht verstehen.	彼が言ったことを私はまったく理解できませんでした。
Alles, was ich hier gesehen habe, kann ich nicht vergessen.	ここで見たことすべてを私は忘れることができません。
Worauf wartest du?	君は何を待っているの？
	人の場合は Auf wen ...?
Wofür arbeiten Sie so fleißig?	あなたは何のためにそんなに熱心に働いているのですか？
Womit fahren Sie nach Italien?	何（の交通手段）を使ってイタリアに行くのですか。
Worüber haben sie gesprochen?	彼らは何について話していたのですか。
Worum geht es?	何の話ですか。
Wovon ist die Rede?	何について話しているのですか。
Wozu nützt das?	これは何の役に立つのですか。
Denkst du immer noch daran?	君はいまもまだそれについて考えているの（おぼえているの）？
Du bist dran.	君の番だ。
	dran sein：順番に当たっている（口語では dran になる）
Im Wohnzimmer steht ein Sofa. Darauf schläft eine Katze.	居間にはソファーがあります。その上で猫が寝ています。

211

daraus
[daráus]
ダラオス

副 その中から

dabei
[dabái]
ダバイ

副 そのそばに，その際に

dadurch
[dadórç]
ダドゥルヒ

副 そこを通って，それによって

dafür
[dafýːɐ̆]
ダフューア

副 そのために，それに賛成して

dagegen
[dagéːgən]
ダゲーゲン

副 それに向かって，それに反対して，それに比べて

darin
[darín]
ダリン

副 その中で(に)，その点で

daneben
[danéːbən]
ダネーベン

副 その横に，それに加えて

darüber
[darýːbɐ]
ダリューバー

副 その上方で(へ)，それについて

darüber hinaus：
それ以上に，さらに

Er hat immer viele Sachen im Koffer. Jetzt nimmt er daraus einen Regenschirm.	彼はいつもたくさんのものをスーツケースに入れて持っています。彼は今その中から傘を取り出します。
Was hat er dabei gesagt?	その際，彼は何と言ったのですか。
Die Wand hat ein Loch. Dadurch kommt kalte Luft.	壁に穴があいています。そこを通って冷たい風が入って来ます。
Letztes Jahr gab es hier ein Erdbeben. Dadurch sind die Häuser zerstört worden.	昨年ここで地震がありました。それによって家々が破壊されました。
Ich bin dafür.	私はそれに賛成です。
Ich bin dagegen.	私はそれに反対です。
Dort steht ein Studentenwohnheim. Darin wohnen etwa 120 Studenten.	あそこに学生寮があります。そこに約 120 人の学生が住んでいます。
Darin liegt ein großes Problem.	その点に大きな問題があります。
Auf dem Tisch steht ein PC, daneben ist ein Telefon.	机の上にパソコンがあり，その横に電話があります。
Daneben hat er das Folgende gesagt:	それに加えて彼は次のように言いました。
Wir haben darüber lange gesprochen.	私たちはそれについて長い間話しました。

darum
[darúm]
ダルム

⦿ その周りに，それゆえ

darunter
[darúntɐ]
ダルンター

⦿ その下に(へ)，それらの中に

davon
[dafɔ́n]
ダフォン

⦿ そこから，それについて

dazu
[datsúː]
ダツー

⦿ それについて，それに加えて

Ich möchte in einem Haus mit einem Garten darum wohnen.

私は庭に囲まれた家に住みたいです。

Ich hatte Fieber, darum konnte ich nicht dahin gehen.

私は熱がありました。それゆえそこへ行けませんでした。

Da steht ein großer Baum. Darunter sitzt ein Paar.

あそこに大きな木があります。その下にカップルが座っています。

Darunter waren auch einige Japaner.

その中には数人の日本人もいました。

Kennen Sie Köln? Ich wohne nicht weit davon.

ケルンを知っていますか。私はそこから遠くないところに住んでいます。

Ich weiß nichts davon.

私はそれについて何も知りません。

Was ist Ihre Meinung dazu?

それについてどうお考えですか。

熟語一覧

熟語一覧

前置詞を含む表現をはじめ，語のまとまりを問う出題にそなえること も重要です。

①形容詞＋前置詞（すべて動詞 sein と用いられます。）

094

arm an ～ 3	（～に）乏しい
abhängig von ～ 3	（～に）依存した
begeistert von ～ 3	（～に）夢中である
bekannt für ～ 4	（～で）有名である
bekannt mit ～ 3	（～と）知り合いである，（～に）精通している
beliebt bei ～ 3	（～に）好かれている
bereit zu ～ 3	（～を）する気がある，（～に対して）心構えができている
berühmt für ～ 4	（～で）有名である
beschäftigt mit ～ 3	（～で）忙しい
böse auf ～ 4	（～に）腹を立てている
dankbar für ～ 4	（～を）感謝している
entfernt von ～ 3	（～から）離れている
enttäuscht über ～ 4/von ～ 3	（～のことで）がっかりしている
fertig mit ～ 3	（～が）終わった
freundlich zu ～ 3	（～に）親切である
froh über ～ 4	（～を）喜んでいる
gespannt auf ～ 4	（～を）心待ちにしている
glücklich über ～ 4	（～を）喜んでいる
lieb zu ～ 3	（～に）親切である
nett zu ～ 3	（～に）やさしい
neugierig auf ～ 4	（～に）強い関心がある
reich an ～ 3	（～に）富んでいる
stolz auf ～ 4	（～のことを）誇りに思っている
traurig über ～ 4	（～を）悲しんでいる
typisch für ～ 4	（～に）典型的である
überrascht über ～ 4/von ～ 3	（～に）驚いている

überzeugt von 〜³	（〜を）確信している
verantwortlich für 〜⁴	（〜に対して）責任がある
verheiratet mit 〜³	（〜と）結婚している
verliebt in 〜⁴	（〜に）夢中になっている
verrückt auf 〜⁴/nach 〜³	（〜に）惚れ込んでいる
zufrieden mit 〜³	（〜に）満足している

②動詞 + 前置詞

🎧 095

abhängen von 〜³	（〜）次第である
achten auf 〜⁴	（〜に）注意を払う
anfangen mit 〜³	（〜を）始める
antworten auf 〜⁴	（〜に）答える
sich ärgern über 〜⁴	（〜に）怒る
aufhören mit 〜³	（〜を）やめる
aufpassen auf 〜⁴	（〜に）気をつける
sich bedanken bei …³ für 〜⁴	（bei…に für 〜の）礼を言う
sich begeistern für 〜⁴	（〜に）熱中する
beginnen mit 〜³	（〜を）始める
sich bemühen um 〜⁴	（〜を）得ようと努力する，（〜の）面倒をみる
berichten über 〜⁴/von 〜³	（〜について）報告する
sich beschäftigen mit 〜³	（〜に）従事している
sich beschweren bei …³ über 〜⁴	（bei…に über 〜のことで）苦情を言う
bestehen aus 〜³	（〜から）成り立っている
sich bewerben um 〜⁴	（〜に）応募する
bitten um 〜⁴	（〜を）頼む
danken für 〜⁴	（〜の）礼を言う
denken an 〜⁴	（〜のことを）思う
diskutieren über 〜⁴	（〜について）議論する
einladen zu 〜³	（〜に）招待する
sich entscheiden für 〜⁴	（〜に）決定する
sich entschuldigen bei …³ für 〜⁴	（bei…に für 〜のことで）謝罪する

会社の求人に応募
する場合は bei 〜³

219

sich erinnern an ~ 4	(~を) 思い出す
erzählen über ~ 4/von ~ 3	(~について) 物語る，伝える
fragen nach ~ 3	(~のことを) 尋ねる
sich freuen auf ~ 4	(~を) 楽しみにしている
sich freuen über ~ 4	(~を) 喜ぶ
gehören zu ~ 3	(~の) 一部である，(~に) 属する
sich gewöhnen an ~ 4	(~に) 慣れる
glauben an ~ 4	(~を) 信じる
gratulieren zu ~ 3	(~の) お祝いを言う
(sich) halten für ~ 4	(~と) 見なす
hoffen auf ~ 4	(~の実現を) 待ち望む
sich informieren über ~ 4	(~について) 情報を得る
sich interessieren für ~ 4	(~に) 興味を持つ
kämpfen für ~ 4/gegen ~ 4/um ~ 4	(für ~のために／gegen ~に対して／um ~を求めて) 戦う
sich konzentrieren auf ~ 4	(~に) 集中する
sich kümmern um ~ 4	(~の) 面倒をみる
lachen über ~ 4	(~を見聞きして) 笑う
leiden an ~ 3/unter ~ 3	(an ~の病気に) かかっている／(unter ~に) 苦しむ
passen zu ~ 3	(~に) 似合う
reagieren auf ~ 4	(~に) 反応する
rechnen mit ~ 3	(~を) 考慮に入れる
reden über ~ 4/von ~ 3	(~について) 語る
riechen nach ~ 3	(~の) においがする
schmecken nach ~ 3	(~の) 味がする
sprechen über ~ 4/von ~ 3	(~について) 語る
staunen über ~ 4	(~に) 驚く
sterben an ~ 3	(~の病気などで) 死ぬ
suchen nach ~ 3	(~を) 探す
teilnehmen an ~ 3	(~に) 参加する
telefonieren mit ~ 3	(~と) 電話する

träumen von ~ 3	(~の) 夢を見る
(sich) überzeugen von ~ 3	(~について) 納得させる, sich と：(~を) 納得する
sich unterhalten über ~ 4/von ~ 3	(~について) 語り合う
sich unterscheiden von ~ 3	(~と) 異なる
sich verabschieden von ~ 3	(~に) 別れを告げる
verbinden mit ~ 3	(~と) 結ぶ
vergleichen mit ~ 3	(~と) 比較する
sich verloben mit ~ 3	(~と) 婚約する
vertrauen auf ~ 4	(~を) 信頼する
verzichten auf ~ 4	(~を) 断念する
sich vorbereiten auf ~ 4/für ~ 4	(~の) 準備をする
warten auf ~ 4	(~を) 待つ
zählen zu ~ 3	(~と) 見なされる
zweifeln an ~ 3	(~を) 疑う

名詞と前置詞の組み合わせは，動詞と前置詞の組み合わせとほぼ同じであるため省略。例）an ~ 3 zweifeln, an ~ 3 Zweifel haben

③非人称 es を用いた表現

🎧 096

es geht um ~ 4	~が問題である, ~が大事である
es geht ~ 3 ...	~の調子が…である
es gibt ~ 4	~がある
es handelt sich um ~ 4	~が問題（話題）となっている
es kommt auf ~ 4 an	~が大事である, ~次第である

④そのほかまとめて覚えておきたい表現・用法

🎧 097

ab und zu	ときどき
auf einmal	一度に，突然
immer wieder	くり返し
immer noch	いまだに
nach und nach	次第に
vor kurzem	ついこの間

von ~ an(ab)	~から
nicht immer	つねに~であるとはかぎらない
hin und her	あちらこちら
hin und zurück	往復
so [形容詞・副詞] wie ~	~と同じくらい […]
sowohl ~ als (または wie) [auch]...	~と同様に…も
nicht nur ~, sondern auch...	~だけでなく…も
entweder ~ oder...	~かまたは…か
weder ~ noch...	~も…もない
je [比較級] ~, desto [比較級]...	~であればあるほどいっそう…
und so weiter（略：u.s.w./usw.）	などなど
das heißt（略：d.h.）	つまり
vor allem	とりわけ
ehrlich gesagt	正直に言えば
im Allgemeinen	だいたいにおいて
im Durchschnitt	平均して
im Vergleich mit/zu	（~と）比較して
zum Beispiel（略：z.B.）	たとえば
in der Tat	実際に，事実
auf jeden Fall	どんなことがあっても
zum ersten Mal	初めて
im Moment	目下のところ，いますぐに
rund um die Uhr	四六時中
am Ende	結局は，最後に
zum Schluss	最後に
in Zukunft	将来
zu Fuß	徒歩で
zum Glück	幸いなことに
mit Luftpost	航空便で
auf die (または zur) Welt kommen	生まれる
auf eine Idee kommen	思いつく
in Mode sein	流行している

von heute an：
「今日から」など

222

in sein	流行している，人気がある
in Ordnung sein	きちんとしている，正常である
eine Pause machen	ひと休みする
Platz nehmen	座る
am Tisch sitzen	テーブルについている
eine wichtige Rolle spielen	重要な役割を演じる
Recht (recht) haben	（言動が）正しい
~³ eine Frage stellen	～に質問する
eine Rede/einen Vortrag/ein Referat halten	演説する／講演する／研究発表をする
viel zu tun haben/nichts zu tun haben	することがたくさんある／することがまったくない
mit ~³ etwas zu tun haben/ mit ~³ nichts zu tun haben	～と関係がある／～と関係がない
scheinen zu [不定詞(句)]	[～]であるように見える
Lust haben, zu [不定詞(句)]	[～]する気がある
sehen ~⁴ [不定詞(句)]	～⁴が [～]するのが見える（知覚動詞）
hören ~⁴ [不定詞(句)]	～⁴が[～]するのが聞こえる（知覚動詞）
sich [不定詞] lassen	[～]されうる
Lass uns [不定詞] ！	[～]しようよ！
Was für ein ~ ？	どんな種類の～？

einはあとに来る名詞の性・格により語尾が変化。複数の場合は Was für ~ ？

⑤会話などでよく使われる表現

🎧 098

Zum Wohl!	乾杯（健康を祈って）！
Alles in Ordnung!	万事オーケー！
Alles klar?	わかりましたか？
Gern (geschehen)!	どういたしまして！
Nichts zu danken!	どういたしまして！
Keine Ursache!	どういたしまして！
Das macht nichts!	そんなことはなんでもありませんよ！
Gott sei Dank!	やれやれ（よかった）！
Was ist denn los?	いったいどうしたの？

Stimmt so!	おつりはいりません！
(Das) stimmt!	そのとおり！
Genau!	そのとおり！
(Na) klar!	あたりまえさ！
Ach so!	ああそう！
Na (ja) gut!	まあそれでいいよ！
Schon gut!	もういいよ！

文法のまとめ
変化表

1 動詞の三基本形

① 規則動詞と不規則動詞

	不定詞	過去基本形	過去分詞
規則動詞	lernen	lern**te**	**ge**lernt
不規則動詞	haben	hatte	gehabt
	sein	war	gewesen

☑ 規則動詞の語尾は過去基本形は -te，過去分詞は（ge）-t です。

☑ 不規則動詞は規則動詞とは異なる語尾になるタイプがほとんどです。また動詞によっては sein のように語幹部分も変化します。

☑ 3〜5級レベルの不規則動詞の三基本形は 248-252 ページ参照。

② 分離動詞

	不定詞	過去基本形	過去分詞
規則動詞	auf|machen	**machte**…auf	auf**ge**macht
不規則動詞	auf|stehen	**stand**…auf	auf**ge**standen

③ 過去分詞に ge- がつかない動詞（第一音節にアクセントがない動詞）

a）非分離動詞

	不定詞	過去基本形	過去分詞
規則動詞	zerstören	zer**störte**	zer**stört**
不規則動詞	verstehen	ver**stand**	ver**standen**

☑ 非分離動詞の前つづり：be-，ent-，er-，ge-，ver-，zer- など。

☑ durch-，über-，um-，unter- などは分離動詞の前つづりにも非分離動詞の前つづりにもなります。（例）unter\|gehen（沈む）⇒ untergegangen，untersuchen（調査する）⇒ untersucht

b）-ieren で終わる動詞

不定詞	過去基本形	過去分詞
studieren	studierte	**studiert**

☑ 他に fotograf**ieren**，interess**ieren**，pass**ieren**，telefon**ieren** など。

2 時制

① 過去形

過去の出来事を表す際に用いられますが，主に**物語や新聞などの書き言葉**で用いられます。

◆ **過去基本形**を用います。現在形と同様に人称変化します。

◆ **単数1・3人称**には語尾がつきません。それ以外は**現在形と同じ語尾**になります。

過去基本形が -te で終わる動詞（過去基本形：lernte）

ich	lernte	wir	lern**en**
du	lerrte**st**	ihr	lernte**t**
er/sie/es	lernte	sie	lern**en**
	Sie lern**en**		

過去基本形が -te で終わらない不規則動詞（過去基本形：war）

ich	war	wir	war**en**
du	war**st**	ihr	war**t**
er/sie/es	war	sie	war**en**
	Sie war**en**		

例文① Wir **waren** gestern zu Hause. 私たちは昨日家にいました。

例文② Er **machte** das Fenster **auf**. 彼は窓を開けました。

② 現在完了形

過去の出来事を表す際に用いられますが，主に**日常の話し言葉**で用いられます。ただし一部の動詞（sein, haben, werden, 話法の助動詞など）は一般に過去形が用いられます。

◆ **過去分詞**を用います。

◆ **haben** または **sein** を助動詞として用います。

sein を助動詞として用いる動詞

● 場所の移動を表す自動詞（gehen, kommen, fahren, reisen など）

● 状態の変化を表す自動詞（werden, sterben, auf|stehen, ein|schlafen など）

このほか sein, bleiben など。

例文① Ich **habe** Deutsch **gelernt**.　　私はドイツ語を勉強しました。

例文② Ich **bin** um 7 Uhr **aufgestanden**.　私は 7 時に起きました。

☑ 過去分詞は文末に置かれます。

③ 過去完了形

過去のある時点までに行われたことを表す際に用いられます。

◆ **hatte** または **war＋過去分詞**

例文① Als ich nach Hause kam, **waren** meine Kinder schon
eingeschlafen.

私が帰宅した時には子どもたちはもう眠り込んでいました。

例文② Er **hatte** schon davon **gewusst**.

彼はすでにそのことを知っていました。

3 受動態

① 動作受動

◆ **werden＋過去分詞**

◆ 受動文で動作をした人やものを表す場合には **von のあとに 3 格**の形で
置かれます（例文①）。原因・手段の場合は von のかわりに durch（＋
4 格）が用いられます（例文②）。

◆ 能動文で 4 格目的語となる名詞・代名詞のみが受動文の主語になります。

◆ 自動詞を用いた受動文は主語がないか，es が文頭に置かれるかのいず
れかになります（例文③）。

例文①（能動）<u>Meine Mutter</u> kocht <u>Eier</u>.

私の母は卵をゆでます。

（受動）<u>Eier</u> **werden** <u>von meiner Mutter</u> **gekocht**.

卵は母によってゆでられます。

例文②（能動）<u>Der Lärm</u> stört <u>die Sitzung</u>.

騒音が会議をさまたげます。

（受動）<u>Die Sitzung</u> **wird** <u>durch den Lärm</u> **gestört**.

会議は騒音によってさまたげられます。

例文③（能動）Darüber spricht man nicht mehr.

それについてはもう話題になりません。

（受動）Darüber **wird** nicht mehr **gesprochen**.

= <u>Es</u> **wird** darüber nicht mehr **gesprochen**.

☑ 能動文から受動文に書き換えるとき，能動文の主語は省略可能です。man は必ず省略されます。

② 受動態の時制

[現在形]　　werden＋過去分詞

Der Mann **wird** von der Polizei **gefangen**.

[過去形]　　wurde＋過去分詞

Der Mann **wurde** von der Polizei **gefangen**.

[現在完了形] sein＋過去分詞＋worden

Der Mann **ist** von der Polizei **gefangen worden**.

☑ werden の過去分詞は geworden ですが，受動態の助動詞として使われる場合は worden が用いられます。

③ 状態受動

動作そのものを表す動作受動に対し，動作が行われた後の状態を表す際に用いられます。

◆ sein＋過去分詞

例文：（動作）Das Fenster **wird geschlossen**.　　窓は閉められます。

（状態）Das Fenster **ist geschlossen**.　　窓は閉められています。

4 zu 不定詞句

zu 不定詞：**zu** lernen　　　　☑ 分離動詞の場合は：auf**zu**machen

zu 不定詞句：Deutsch **zu** lernen

① 用法

a) 主語として

Deutsch zu lernen macht mir Spaß.　　ドイツ語を学ぶことは楽しいです。

= **Es** macht mir Spaß, **Deutsch zu lernen**.

☑ 文頭に es を置く語順もよく用いられます。

229

b) 目的語として

Ich habe vor, **am Wochenende nach Berlin zu fahren**.

　私は週末ベルリンに行く予定です。

c) 前に置かれた名詞の内容を説明

Ich habe keine Zeit, **einkaufen zu gehen**.

　私は買い物に行く時間がありません。

Hast du Lust, **mit mir ins Kino zu gehen**?

　私と映画を見に行く気がある？

　☑ zu 不定詞句はそれぞれ Zeit, Lust の内容を表しています。

② um, ohne, statt とともに

a) um...zu 不定詞　～するために

Ich gehe zum Bahnhof, **um** meine Großmutter ab**zu**holen.

　私は祖母を迎えに行くために駅へ行きます。

b) ohne...zu 不定詞　～することなしに

Er hat die teure Uhr gekauft, **ohne zu** zögern.

　彼はためらうことなくその高価な時計を買いました。

c) statt...zu 不定詞　～するかわりに

Er hat den ganzen Tag ferngesehen, **statt zu** arbeiten.

　彼は働くかわりに一日中テレビを見ていました。

③ haben/sein+zu 不定詞

a) haben+zu 不定詞　～しなければならない

Er **hat** heute bis 20 Uhr **zu** arbeiten.

　彼は今日 20 時まで働かなければなりません。

b) sein+zu 不定詞　～されうる，～されなければならない

Dieses Problem **ist** leicht **zu** lösen.

　この問題は容易に解決できます。

Diese Arbeit **ist** heute noch zu **erledigen**.

　この仕事は今日中に片付けられなければなりません。

5 語順

① 副文 (定動詞が最後に置かれる語順)

a) 従属接続詞から始まる文

dass，weil，ob，obwohl，wenn…などの従属接続詞から始まる文では定動詞が最後に置かれます。

例文① Ich bleibe zu Hause, **weil** es draußen sehr heiß **ist**.

↑副文

外はとても暑いので私は家にとどまります。

例文② **Wenn** es morgen **schneit**, gehe ich nicht zur Arbeit.

↑副文

もし明日雪が降ったら私は仕事に行きません。

☑ 副文を先に置くことも可能です (例文②)。その場合後に来る主文の語順は定動詞，主語の順になります。

b) 関係代名詞から始まる文

関係代名詞には，先行詞を受ける**定関係代名詞**，先行詞なしで用いられる**不定関係代名詞**の2種類があります。どちらの関係文でも定動詞が最後に置かれます。

[定関係代名詞の格変化]

	男性名詞	女性名詞	中性名詞	複数名詞
1格	der	die	das	die
2格	**dessen**	**deren**	**dessen**	**deren**
3格	dem	der	dem	**denen**
4格	den	die	das	die

☑ 太字以外は定冠詞と同じ形です。

☑ 関係代名詞の性と数は先行詞に一致し，格は関係文における役割によって決まります。

☑ 関係文の前後にはコンマを打ちます。

定動詞は最後に

副文　　　↓置かれます。

例文① Kennen Sie den Mann, **der** am Fenster **steht**?

↑先行詞　　↑男性単数1格

窓際に立っているあの男性を知っていますか。

↓副文

例文② Die Frau, **deren** Sohn Anwalt **ist**, wohnt hier.

　　　↑先行詞　　　↑女性単数2格

　　　　息子が弁護士であるその女性はここに住んでいます。

↓副文

例文③ Der Mann, mit **dem** Sie gesprochen **haben**, ist mein Nachbar.

　　　↑先行詞　　　↑男性単数3格

　　　　あなたが話していたその男性は私の隣人です。

☑ 関係代名詞が前置詞の支配を受けている場合は，前置詞が前に置かれます（例文③）。

指示代名詞

定関係代名詞と同形です。

◆ 強く指示するときに用います。

Der Rock gefällt mir. Den nehme ich.

　　そのスカートが気に入りました。これを買います。

◆ 同じ語の反復を避けるときに用います。

Ihre **Stimme** unterscheidet sich nicht von der ihrer Mutter.

　　彼女の声は彼女の母の声と区別がつきません。

[不定関係代名詞の格変化]

	～する人	～するもの（こと）
1格	wer	was
2格	wessen	-
3格	wem	-
4格	wen	was

例文① **Wer** regelmäßig **lebt**, kann lange leben.

　　　　規則正しく生活する人は長生きできます。

例文② **Was** er gesagt **hat**, konnte ich gar nicht verstehen.

　　　　彼が言ったことを私はまったく理解できませんでした。

例文③ Alles, **was** ich hier gesehen **habe**, kann ich nicht vergessen.

　　　　ここで見たことすべてを私は忘れることができません。

☑ was は alles，nichts，etwas などを先行詞とすることができます。

② ワク構造

定動詞と密接な関係をもつものは文末に置かれ，定動詞とワク構造を作ります。

◆ 分離動詞

Die Kinder **sehen** im Wohnzimmer **fern**.

子どもたちは居間でテレビを見ます。

◆ 話法の助動詞

Er **kann** gut Spanisch **sprechen**.　彼は上手にスペイン語を話します。

◆ 未来形

Ich **werde** dich nie **vergessen**.　私は君を決して忘れないよ。

◆ 完了形

Ich **bin** nach Kyoto **gefahren**.　私は京都へ行きました。

◆ 受動態

Die Schule **wurde** 1901 **gegründet**.　その学校は 1901 年に創立されました。

◆ その他（形容詞など）

Sie **ist** ihrem Vater sehr **ähnlich**.　彼女はお父さんにそっくりです。

6 接続法

接続法には第Ⅰ式と第Ⅱ式があり，間接話法には第Ⅰ式と第Ⅱ式が用いられ，非現実話法には第Ⅱ式が用いられます。

［接続法第Ⅰ式］

◆ 基本形：**語幹＋e**
◆ 語尾変化は**過去形と同じ**です。

規則動詞（lernen）　基本形：**lerne**

ich	lerne	wir	lerne**n**
du	lerne**st**	ihr	lerne**t**
er	lerne	sie	lerne**n**
	Sie lerne**n**		

不規則動詞（sein のみ）

ich	sei	wir	seien
du	sei(e)st	ihr	seiet
er	sei	sie	seien
	Sie seien		

［接続法第 II 式］

◆ 規則動詞：**過去基本形と同じ形**が基本形になります。

◆ 不規則動詞：過去基本形が e で終わらない場合，語尾に e をつけたものが基本形になります。その際，**a，o，u が含まれる動詞は変音（ウムラウト）**します。

◆ 語尾変化は**過去形と同じ**です。

規則動詞（lernen） 基本形：**lernte**

ich	lernte	wir	lerne**n**
du	lernte**st**	ihr	lernte**t**
er	lernte	sie	lerne**n**
	Sie lernte**n**		

不規則動詞（sein） 基本形：**wäre**

ich	wäre	wir	wäre**n**
du	wäre**st**	ihr	wäre**t**
er	wäre	sie	wäre**n**
	Sie wäre**n**		

🖉 重要な動詞の接続法 II 式の基本形：haben ⇒ hätte，werden ⇒ würde，können ⇒ könnte

① 間接話法

引用符を使わずに人が話したことを表します。第 I 式が用いられますが，直説法と同じ形になる場合などでは第 II 式が用いられます。

例文①： 直説法 Sie sagt: „Mein Vater arbeitet in Wien."

間接話法 Sie sagt, **ihr** Vater **arbeite** in Wien.

彼女は自分の父はウィーンで働いていると言います。

例文②： 直説法 Sie sagen: „Wir wohnen in Tokyo."

間接話法 Sie sagen, **sie wohnten** in Tokyo.

彼らは自分たちは東京に住んでいると言います。

🖉 例文②の場合，第 I 式を用いると直説法と同じ形になるため第 II 式が用いられます。

② 非現実話法

実現の可能性が低いことや願望などを表したり，語調を緩和して丁寧な言い方にする場合などに用いられます。**第Ⅱ式**を用います。

例文： Wenn ich viel Geld **hätte**, **würde** ich eine Weltreise machen.

もし私がたくさんお金をもっていれば，世界旅行をするのになあ。

📝 sein，haben，話法の助動詞以外は一般的に würde を助動詞として用います。

[願望]（wenn 部分のみを用います）

例文① Wenn ich doch viel Geld **hätte**!

私がたくさんお金をもっていればなあ。

例文② Wenn ich doch viel Geld **gehabt hätte**!

私がたくさんお金をもっていたらなあ。

📝 wenn を省略し，Hätte ich doch viel Geld! とも表現されます（例文①）。
📝 過去のことを表す場合は完了形を用います（例文②）。

[丁寧な表現]

例文① **Könnten** Sie das Fenster zumachen?

窓を閉めていただけますでしょうか。

例文② Ich **hätte** gern einen Stadtplan.

市街地図をいただきたいのですが。

例文③ **Würden** Sie mich später anrufen?

あとで私にお電話いただけますでしょうか。

[比ゆ表現]

als ob 〜 /als 〜 「まるで〜かのように」

Er spielt so leidenschaftlich Klavier, **als ob** er ein berühmter Pianist **wäre**.

または ..., **als wäre** er ein berühmter Pianist.

彼はまるで有名なピアニストであるかのように情熱的にピアノを弾きます。

📝 als ob を用いる場合，定動詞は最後に置かれます（副文）。
📝 主に第Ⅱ式が用いられますが，第Ⅰ式または直説法が用いられることもあります。

〔不規則動詞の現在人称変化〕

■ 重要な不規則動詞

sein 〜である

ich	**bin**	wir	**sind**
du	**bist**	ihr	**seid**
er/sie/es	**ist**	sie	**sind**
	Sie **sind**		

haben 〜を持っている

ich	habe	wir	haben
du	**hast**	ihr	habt
er/sie/es	**hat**	sie	haben
	Sie haben		

werden 〜になる

ich	werde	wir werden
du	**wirst**	ihr werdet
er/sie/es	**wird**	sie werden
	Sie werden	

wissen 〜を知っている

ich	**weiß**	wir wissen
du	**weißt**	ihr wisst
er/sie/es	**weiß**	sie wissen
	Sie wissen	

nehmen 〜を取る

ich	nehme	wir nehmen
du	**nimmst**	ihr nehmt
er/sie/es	**nimmt**	sie nehmen
	Sie nehmen	

■ 語尾に注意が必要な動詞

◆ 語幹が d や t などで終わる動詞

arbeiten 働く

ich	arbeite	wir	arbeiten
du	arbeit**est**	ihr	arbeit**et**
er/sie/es	arbeit**et**	sie	arbeiten
	Sie arbeiten		

☑ 語尾 -st および -t の前に e が入ります。

☑ 他に warten, finden, kosten, zeichnen, öffnen など。

◆ 語幹が s や ß や z などで終わる動詞

heißen （〜という名前）である

ich	heiße	wir	heißen
du	heiß**t**	ihr	heißt
er/sie/es	heißt	sie	heißen
	Sie heißen		

☑ 語尾 -st の s を落とします。
☑ 他に tanzen, sitzen など。

■ 語幹の母音が変化する動詞

◆ 語幹の母音が a から ä に変わる動詞

fahren （乗り物などで）行く

ich	fahre	wir fahren
du	**fährst**	ihr fahrt
er/sie/es	**fährt**	sie fahren
	Sie fahren	

同じように変化する動詞（音が変わる箇所のみ記載）

	du	er/sie/es		du	er/sie/es
schlafen 眠る	**schläfst**	**schläft**	laufen 走る・歩く	**läufst**	**läuft**
tragen 運ぶ	**trägst**	**trägt**	lassen 〜させる	**lässt**	**lässt**
waschen 洗う	**wäschst**	**wäscht**	schlagen 打つ	**schlägst**	**schlägt**
fallen 落ちる	**fällst**	**fällt**	halten* 止まる	**hältst**	**hält**
gefallen 気に入る	**gefällst**	**gefällt**	fangen 捕まえる	**fängst**	**fängt**
empfangen 受け取る	**empfängst**	**empfängt**	raten* 助言する	**rätst**	**rät**
einladen 招待する	**lädst...ein**	**lädt...ein**			

* 通常，語幹が t で終わる場合口調上の e が入りますが，これらの動詞には入りません。

◆ 語幹の母音が e から i または ie に変わる動詞

(e ⇒ i) sprechen 話す

ich	spreche	wir	sprechen
du	**sprichst**	ihr	sprecht
er/sie/es	**spricht**	sie	sprechen
	Sie sprechen		

同じように変化する動詞

	du	er/sie/es
essen 食べる	**isst**	**isst**
geben 与える	**gibst**	**gibt**
helfen 助ける	**hilfst**	**hilft**
treffen 会う	**triffst**	**trifft**
vergessen 忘れる	**vergisst**	**vergisst**
treten* 歩む	**trittst**	**tritt**
werfen 投げる	**wirfst**	**wirft**

	du	er/sie/es
brechen 折る	**brichst**	**bricht**
bewerben 応募する	**bewirbst**	**bewirbt**
gelten** 有効である	**giltst**	**gilt**
fressen (動物が)食べる	**frisst**	**frisst**
messen はかる	**misst**	**misst**
sterben 死ぬ	**stirbst**	**stirbt**

＊ t が重なるなど不規則な変化も含まれています。
＊＊ 通常, 語幹が t で終わる場合口調上の e が入りますが, この動詞には入りません。

(e ⇒ ie) sehen 見る

ich	sehe	wir	sehen
du	**siehst**	ihr	seht
er/sie/es	**sieht**	sie	sehen
	Sie sehen		

同じように変化する動詞

	du	er/sie/es
lesen 読む	**liest**	**liest**
empfehlen 勧める	**empfiehlst**	**empfiehlt**
geschehen* 起こる	**–**	**geschieht**

	du	er/sie/es
stehlen 盗む	**stiehlst**	**stiehlt**
befehlen 命令する	**befiehlst**	**befiehlt**

＊物事を表す名詞のみが主語になります。

◆ その他

(o ⇒ ö) stoßen 突く

ich	stoße	wir	stoßen
du	**stößt**	ihr	stoßt
er/sie/es	**stößt**	sie	stoßen
	Sie stoßen		

■ 話法の助動詞

	können ～できる	müssen ～しなけれ ばならない	möchte ～したい	wollen ～するつ もりだ	dürfen ～してよい	mögen ～かもしれ ない	sollen ～するように いわれている
ich	**kann**	**muss**	**möchte**	**will**	**darf**	**mag**	**soll**
du	**kannst**	**musst**	**möchtest**	**willst**	**darfst**	**magst**	**sollst**
er/sie/es	**kann**	**muss**	**möchte**	**will**	**darf**	**mag**	**soll**
wir	können	müssen	möchten	wollen	dürfen	mögen	sollen
ihr	könnt	müsst	möchtet	wollt	dürft	mögt	sollt
sie	können	müssen	möchten	wollen	dürfen	mögen	sollen
Sie	können	müssen	möchten	wollen	dürfen	mögen	sollen

〔形容詞の語尾変化〕

◆ 前に**定冠詞（類）**がある場合（語尾は -e, -en の2種類）

	男　赤いスカート	女　青いズボン	中　白いシャツ	複　グレーの靴
1格	**der rote Rock**	**die blaue Hose**	**das weiße Hemd**	die grauen Schuhe
2格	des roten Rocks	der blauen Hose	des weißen Hemdes	der grauen Schuhe
3格	dem roten Rock	der blauen Hose	dem weißen Hemd	den grauen Schuhen
4格	den roten Rock	**die blaue Hose**	**das weiße Hemd**	die grauen Schuhe

◆ 前に**不定冠詞（類）**がある場合（語尾は -e, -en, -es, -er の4種類）

	男　赤いスカート	女　青いズボン	中　白いシャツ	複　私のグレーの靴
1格	**ein roter Rock**	eine blaue Hose	**ein weißes Hemd**	meine grauen Schuhe
2格	eines roten Rocks	einer blauen Hose	eines weißen Hemdes	meiner grauen Schuhe
3格	einem roten Rock	einer blauen Hose	einem weißen Hemd	meinen grauen Schuhen
4格	einen roten Rock	eine blaue Hose	**ein weißes Hemd**	meine grauen Schuhe

◆ 前に**冠詞（類）がない**場合（語尾は -e, -en, -er, -es, -em の5種類）

	男　赤ワイン	女　温かい牛乳	中　冷たい水	複　新鮮な卵
1格	roter Wein	warme Milch	kaltes Wasser	frische Eier
2格	roten Weins	warmer Milch	kalten Wassers	frischer Eier
3格	rotem Wein	warmer Milch	kaltem Wasser	frischen Eiern
4格	roten Wein	warme Milch	kaltes Wasser	frische Eier

索引

242

Z

主な不規則動詞の三基本形

意味	不定詞	過去基本形	過去分詞	同じ変化をする動詞の例（分離・非分離動詞）
焼く	backen	backte	gebacken	
命令する	befehlen	befahl	befohlen	
始める	beginnen	begann	begonnen	
かむ	beißen	biss	gebissen	
提供する	bieten	bot	geboten	an|bieten verbieten
結ぶ	binden	band	gebunden	verbinden
頼む	bitten	bat	gebeten	
とどまる	bleiben	blieb	geblieben (s)	
焼く	braten	briet	gebraten	
折る	brechen	brach	gebrochen	
燃える	brennen	brannte	gebrannt	
持っていく	bringen	brachte	gebracht	mit|bringen
考える	denken	dachte	gedacht	
～してもよい	dürfen	durfte	gedurft/dürfen	

助動詞としての過去分詞は dürfen。

意味	不定詞	過去基本形	過去分詞	同じ変化をする動詞の例（分離・非分離動詞）
（客を）迎える	empfangen	empfing	empfangen	
勧める	empfehlen	empfahl	empfohlen	
感じる	empfinden	empfand	empfunden	
決める	entscheiden	entschied	entschieden	
食べる	essen	aß	gegessen	
（乗り物で）行く	fahren	fuhr	gefahren (s, h)	erfahren

他動詞として使われる場合には完了形の助動詞に主に haben が用いられる。

意味	不定詞	過去基本形	過去分詞	同じ変化をする動詞の例（分離・非分離動詞）
落ちる	fallen	fiel	gefallen (s)	aus|fallen(s) gefallen
捕まえる	fangen	fing	gefangen	an|fangen
見つける	finden	fand	gefunden	erfinden statt|finden
飛ぶ	fliegen	flog	geflogen (s, h)	ab|fliegen(s)
逃げる	fliehen	floh	geflohen (s)	
流れる	fließen	floss	geflossen (s)	

意味	不定詞	過去基本形	過去分詞	同じ変化をする動詞の例（分離・非分離動詞）
（動物が）食べる	fressen	fraß	gefressen	
寒がる	frieren	fror	gefroren	「凍る」の意味では完了形の助動詞に sein が用いられる。
与える	geben	gab	gegeben	auf|geben aus|geben
行く	gehen	ging	gegangen (s)	aus|gehen(s) vergehen
成功する	gelingen	gelang	gelungen (s)	
有効である	gelten	galt	gegolten	
楽しむ	genießen	genoss	genossen	
起こる	geschehen	geschah	geschehen (s)	
勝つ	gewinnen	gewann	gewonnen	
手を伸ばす	greifen	griff	gegriffen	begreifen
持っている	haben	hatte	gehabt	vor|haben
（手で）持っている	halten	hielt	gehalten	erhalten unterhalten
掛かっている	hängen	hing	gehangen	ab|hängen
（〜という）名前である	heißen	hieß	geheißen	
助ける	helfen	half	geholfen	
知っている	kennen	kannte	gekannt	erkennen
鳴る	klingen	klang	geklungen	
来る	kommen	kam	gekommen (s)	vor|kommen(s)
〜できる	können	konnte	gekonnt/ können	助動詞としての過去分詞は können。
積む	laden	lud	geladen	ein|laden
〜させる	lassen	ließ	gelassen/lassen	verlassen
走る	laufen	lief	gelaufen (s)	助動詞としての過去分詞は lassen。
（病気に）かかっている	leiden	litt	gelitten	
貸す	leihen	lieh	geliehen	
読む	lesen	las	gelesen	

意味	不定詞	過去基本形	過去分詞	同じ変化をする動詞の例（分離・非分離動詞）
横になっている	liegen	lag	gelegen	
うそをつく	lügen	log	gelogen	
はかる	messen	maß	gemessen	
（〜が）好きだ，〜かもしれない	mögen	mochte	gemocht/mögen	助動詞としての過去分詞は mögen。
〜しなければならない	müssen	musste	gemusst/müssen	助動詞としての過去分詞は müssen。
取る	nehmen	nahm	genommen	teil|nehmen
（〜と）名づける	nennen	nannte	genannt	
助言する	raten	riet	geraten	
（馬などに）乗る	reiten	ritt	geritten (s, h)	
走る	rennen	rannte	gerannt (s)	
においがする	riechen	roch	gerochen	
呼ぶ	rufen	rief	gerufen	an|rufen
創造する	schaffen	schuf	geschaffen	
輝く	scheinen	schien	geschienen	erscheinen (s)
眠る	schlafen	schilef	geschlafen	ein|schlafen (s)
打つ	schlagen	schlug	geschlagen	vor|schlagen
閉める	schließen	schloss	geschlossen	
切る	schneiden	schnitt	geschnitten	
書く	schreiben	schrieb	geschrieben	
叫ぶ	schreien	schrie	geschrien	
黙っている	schweigen	schwieg	geschwiegen	
泳ぐ	schwimmen	schwamm	geschwommen (s, h)	
見える	sehen	sah	gesehen	an|sehen aus|sehen
（〜で）ある	sein	war	gewesen (s)	
送る	senden	sandte	gesandt	「放送する」の意味では規則変化。
歌う	singen	sang	gesungen	
沈む	sinken	sank	gesunken (s)	

意味	不定詞	過去基本形	過去分詞	同じ変化をする動詞の例（分離・非分離動詞）
座っている	sitzen	saß	gesessen	besitzen
～するようにいわれている	sollen	sollte	gesollt/sollen	助動詞としての過去分詞は sollen。
話す	sprechen	sprach	gesprochen	aus|sprechen versprechen
跳ぶ	springen	sprang	gesprungen (s, h)	
立っている	stehen	stand	gestanden	auf|stehen(s) bestehen entstehen(s) verstehen
盗む	stehlen	stahl	gestohlen	
のぼる	steigen	stieg	gestiegen (s)	ein|steigen(s)
死ぬ	sterben	starb	gestorben (s)	
突く	stoßen	stieß	gestoßen	
争う	streiten	stritt	gestritten	
運ぶ	tragen	trug	getragen	ertragen
会う	treffen	traf	getroffen	
駆りたてる	treiben	trieb	getrieben	betreiben
歩む	treten	trat	getreten (s, h)	vertreten
飲む	trinken	trank	getrunken	
する	tun	tat	getan	
支配する	überwinden	überwand	überwunden	
区別する	unterscheiden	unterschied	unterschieden	
忘れる	vergessen	vergaß	vergessen	
比べる	vergleichen	verglich	verglichen	
なくす	verlieren	verlor	verloren	
消える	verschwinden	verschwand	verschwunden (s)	
許す	verzeihen	verzieh	verziehen	
洗う	waschen	wusch	gewaschen	「裏返す，方向転換する」の意味では規則変化のみが用いられる。
向ける	wenden	wandte	gewandt	
宣伝する	werben	warb	geworben	bewerben
（～に）なる	werden	wurde	geworden/worden (s)	受動態の助動詞の過去分詞は worden。

意味	不定詞	過去基本形	過去分詞	同じ変化をする動詞の例（分離・非分離動詞）
投げる	werfen	warf	geworfen	
（〜の）重さがある	wiegen	wog	gewogen	
知っている	wissen	wusste	gewusst	
〜するつもりだ	wollen	wollte	gewollt/wollen	
引く	ziehen	zog	gezogen	aus|ziehen(s, h) erziehen

> 助動詞としての過去分詞は wollen。

※（ ）内は完了形の助動詞 sein または haben の略。（s, h）と表記されているものは，一般的に移動を表す場合には sein と，行動そのものを表す場合は haben と用いられる。（例外は各欄に記載）

※ 前つづりが結合した場合，完了助動詞が変わることもある。
　例：schlafen の完了助動詞は haben だが，einschlafen は sein。

石﨑 朝子（いしざき・あさこ）

学習院大学非常勤講師

©Asako Ishizaki, 2020, Printed in Japan

独検3級レベル重要単語1000

2020年8月5日　　初版第1刷発行
2023年12月25日　　　　第2刷発行

著　者　石﨑 朝子
制　作　ツディブックス株式会社
発行者　田中 稔
発行所　**株式会社 語研**
　　　　〒101-0064
　　　　東京都千代田区神田猿楽町2-7-17
　　　　電　話　03-3291-3986
　　　　ファクス　03-3291-6749
組　版　ツディブックス株式会社
印刷・製本　シナノ書籍印刷株式会社

ISBN978-4-87615-359-6 C0084
書名　ドクケン サンキュウレベル ジュウヨウタンゴ セン
監修　イシザキ　アサコ

株式会社 語研
語研ホームページ https://www.goken-net.co.jp/

本書の感想は
スマホから↓